Bibliothek der Mediengestaltung

Konzeption, Gestaltung, Technik und Produktion von Digital- und Printmedien sind die zentralen Themen der Bibliothek der Mediengestaltung, einer Weiterentwicklung des Standardwerks Kompendium der Mediengestaltung, das in seiner 6. Auflage auf mehr als 2.700 Seiten angewachsen ist. Um den Stoff, der die Rahmenpläne und Studienordnungen sowie die Prüfungsanforderungen der Ausbildungs- und Studiengänge berücksichtigt, in handlichem Format vorzulegen, haben die Autoren die Themen der Mediengestaltung in Anlehnung an das Kompendium der Mediengestaltung neu aufgeteilt und thematisch gezielt aufbereitet. Die kompakten Bände der Reihe ermöglichen damit den schnellen Zugriff auf die Teilgebiete der Mediengestaltung.

Weitere Bände in der Reihe: http://www.springer.com/series/15546

Peter Bühler
Patrick Schlaich
Dominik Sinner

Visuelle Kommunikation

Wahrnehmung – Perspektive – Gestaltung

Springer Vieweg

Peter Bühler
Affalterbach, Deutschland

Dominik Sinner
Konstanz-Dettingen, Deutschland

Patrick Schlaich
Kippenheim, Deutschland

ISSN 2520-1050 ISSN 2520-1069 (electronic)
Bibliothek der Mediengestaltung
ISBN 978-3-662-53769-5 ISBN 978-3-662-53770-1 (eBook)
DOI 10.1007/978-3-662-53770-1

Die Deutsche Nationalbibliothek verzeichnet diese Publikation in der Deutschen Nationalbibliografie; detaillierte bibliografische Daten sind im Internet über http://dnb.d-nb.de abrufbar.

Springer Vieweg

Gedruckt auf säurefreiem und chlorfrei gebleichtem Papier

Springer Vieweg ist Teil von Springer Nature
Die eingetragene Gesellschaft ist Springer-Verlag GmbH Deutschland
Die Anschrift der Gesellschaft ist: Heidelberger Platz 3, 14197 Berlin, Germany

Vorwort

The Next Level – aus dem Kompendium der Mediengestaltung wird die Bibliothek der Mediengestaltung.

Im Jahr 2000 ist das „Kompendium der Mediengestaltung" in der ersten Auflage erschienen. Im Laufe der Jahre stieg die Seitenzahl von anfänglich 900 auf 2700 Seiten an, so dass aus dem zunächst einbändigen Werk in der 6. Auflage vier Bände wurden. Diese Aufteilung wurde von Ihnen, liebe Leserinnen und Leser, sehr begrüßt, denn schmale Bände bieten eine Reihe von Vorteilen. Sie sind erstens leicht und kompakt und können damit viel besser in der Schule oder Hochschule eingesetzt werden. Zweitens wird durch die Aufteilung auf mehrere Bände die Aktualisierung eines Themas wesentlich einfacher, weil nicht immer das Gesamtwerk überarbeitet werden muss. Auf Veränderungen in der Medienbranche können wir somit schneller und flexibler reagieren. Und drittens lassen sich die schmalen Bände günstiger produzieren, so dass alle, die das Gesamtwerk nicht benötigen, auch einzelne Themenbände erwerben können. Deshalb haben wir das Kompendium modularisiert und in eine Bibliothek der Mediengestaltung mit 26 Bänden aufgeteilt. So entstehen schlanke Bände, die direkt im Unterricht eingesetzt oder zum Selbststudium genutzt werden können.

Bei der Auswahl und Aufteilung der Themen haben wir uns – wie beim Kompendium auch – an den Rahmenplänen, Studienordnungen und Prüfungsanforderungen der Ausbildungs- und Studiengänge der Mediengestaltung orientiert. Eine Übersicht über die 26 Bände der Bibliothek der Mediengestaltung finden Sie auf der rechten Seite. Wie Sie sehen, ist jedem Band eine Leitfarbe zugeordnet, so dass Sie bereits am Umschlag erkennen, welchen Band Sie in der Hand halten. Die Bibliothek der Mediengestaltung richtet sich an alle, die eine Ausbildung oder ein Studium im Bereich der Digital- und Printmedien absolvieren oder die bereits in dieser Branche tätig sind und sich fortbilden möchten. Weiterhin richtet sich die Bibliothek der Mediengestaltung auch an alle, die sich in ihrer Freizeit mit der professionellen Gestaltung und Produktion digitaler oder gedruckter Medien beschäftigen. Zur Vertiefung oder Prüfungsvorbereitung enthält jeder Band zahlreiche Übungsaufgaben mit ausführlichen Lösungen. Zur gezielten Suche finden Sie im Anhang ein Stichwortverzeichnis.

Ein herzliches Dankeschön geht an Herrn Engesser und sein Team des Verlags Springer Vieweg für die Unterstützung und Begleitung dieses großen Projekts. Wir bedanken uns bei unserem Kollegen Joachim Böhringer, der nun im wohlverdienten Ruhestand ist, für die vielen Jahre der tollen Zusammenarbeit. Ein großes Dankeschön gebührt aber auch Ihnen, unseren Leserinnen und Lesern, die uns in den vergangenen fünfzehn Jahren immer wieder auf Fehler hingewiesen und Tipps zur weiteren Verbesserung des Kompendiums gegeben haben.

Wir sind uns sicher, dass die Bibliothek der Mediengestaltung eine zeitgemäße Fortsetzung des Kompendiums darstellt. Ihnen, unseren Leserinnen und Lesern, wünschen wir ein gutes Gelingen Ihrer Ausbildung, Ihrer Weiterbildung oder Ihres Studiums der Mediengestaltung und nicht zuletzt viel Spaß bei der Lektüre.

Heidelberg, im Frühjahr 2017
Peter Bühler
Patrick Schlaich
Dominik Sinner

Bibliothek der Mediengestaltung

Titel und Erscheinungsjahr

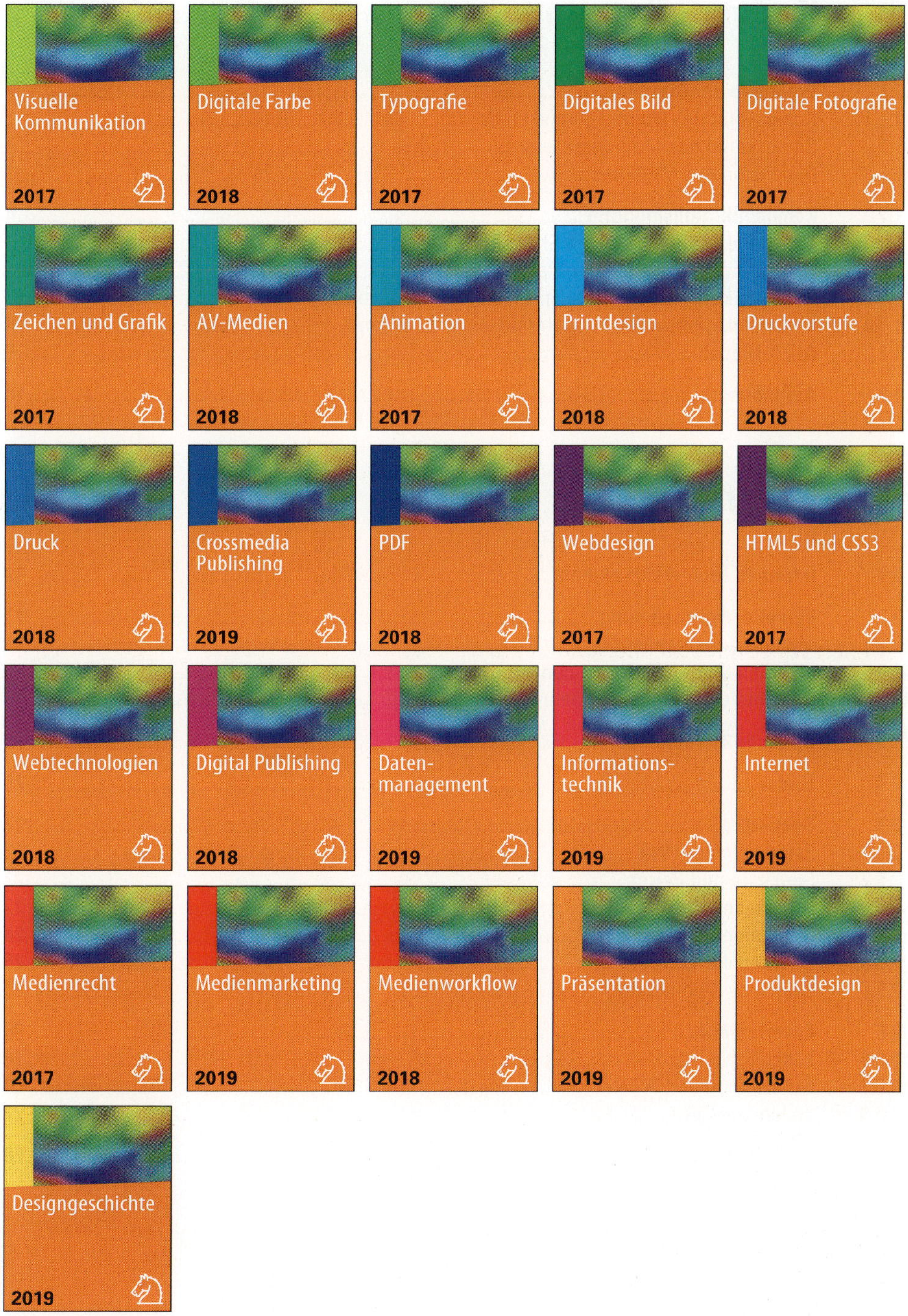

Inhaltsverzeichnis

1 Kommunikation 2

1.1 **Typologie der Medien** 2
1.1.1 Komplexität des Übertragungskanals 2
1.1.2 Sinneskanal des Mediennutzers 3
1.1.3 Dimension des Mediums 3

1.2 **Kommunikationsmodelle** 4
1.2.1 Kommunikationsmodell von Shannon & Weaver 4
1.2.2 Kommunikationsmodell von Paul Watzlawick 5
1.2.3 Kommunikationsmodell von Friedemann Schulz von Thun 7
1.2.4 Kommunikationsmodell von Harold Dwight Lasswell 8
1.2.5 AIDA-Modell 9

1.3 **Aufgaben** 10

2 Wahrnehmung 12

2.1 **Informationen wahrnehmen** 12

2.2 **Visuelle Wahrnehmung** 13
2.2.1 Mit den Augen sehen 13
2.2.2 Mit allen Sinnen wahrnehmen 13
2.2.3 Gesichtsfeld – optische Spannung 14

2.3 **Optische Täuschungen** 15

2.4 **Bilder** 20

2.5 **Semiotik** 22
2.5.1 Zeichen in der Welt 22
2.5.2 Saussure und Peirce 22
2.5.3 Drei Zeichenkategorien 22
2.5.4 Drei Zeichendimensionen 24
2.5.5 Erlernen der Bedeutung 25
2.5.6 Grafische Zeichenarten 25

2.6 **Leserlichkeit** 26
2.6.1 Lesen 26
2.6.2 Buchstaben und Wörter 26
2.6.3 Zeilen und Seite 27

2.7 **Aufgaben** 28

3 Gestaltgesetze 30

3.1 Gestaltpsychologie ... 30
3.2 Gesetz von der einfachen Gestalt ... 31
3.3 Gesetz der Nähe ... 32
3.4 Gesetz der Gleichheit ... 33
3.5 Gesetz der Geschlossenheit ... 34
3.6 Gesetz der Erfahrung ... 35
3.7 Gesetz der Konstanz ... 36
3.8 Gesetz der Figur-Grund-Trennung ... 37
3.9 Aufgaben ... 38

4 Gestaltungselemente 40

4.1 Vakatfläche – Platz für Ideen ... 40
4.2 Format ... 41
4.3 Gleichgewicht ... 42
4.4 Gewichtung ... 43
4.5 Richtung ... 44
4.6 Dynamik, Spannung, Bewegung ... 45
4.7 Symmetrie – Asymmetrie ... 46
4.8 Umfeld ... 47
4.9 Unterteilung und Struktur ... 48
4.9.1 Goldener Schnitt ... 48
4.9.2 Arithmetische Folge/Reihe ... 49
4.9.3 Geometrische Folge/Reihe ... 49
4.10 Aufgaben ... 50

5 Perspektive 52

5.1 Geschichte der Perspektive ... 52

5.2 Der Standpunkt des Betrachters ... 56
5.2.1 Augenhöhe und Horizont ... 56
5.2.2 Ebenen und Linien ... 57

5.3 1-Punkt-Perspektive ... 58
5.3.1 Freie Zeichnung ... 58
5.3.2 Konstruktion ... 59

5.4 2-Punkt-Perspektive ... 60
5.4.1 Freie Zeichnung ... 60
5.4.2 Konstruktion ... 61
5.4.3 Raumdarstellung in der 1- und 2-Punkt-Perspektive ... 63

5.5 3-Punkt-Perspektive ... 64
5.5.1 Vogelperspektive ... 64
5.5.2 Froschperspektive ... 64

5.6 Kreise und Ellipsen ... 65
5.6.1 Konstruktion ... 65
5.6.2 Besondere Formen ... 65

5.7 Licht und Schatten ... 67
5.7.1 Künstliche Lichtquelle ... 67
5.7.2 Natürliche Lichtquelle – die Sonne ... 68
5.7.3 Kern- und Halbschatten ... 68

5.8 Luft- und Farbperspektive ... 70
5.8.1 Ursache und Wirkung ... 70
5.8.2 Umsetzung in der Gestaltung ... 71

5.9 Aufgaben ... 72

6 Farben 74

6.1 Die Farben des Regenbogens ... 74
6.1.1 Additive Farbmischung – Lichtfarben ... 74
6.1.2 Subtraktive Farbmischung – Körperfarben ... 75

6.2 Farbwirkung ... 76

6.3 Farbkontrast ... 78
6.3.1 Simultankontrast ... 78
6.3.2 Komplementärkontrast ... 79
6.3.3 Warm-kalt-Kontrast ... 79
6.3.4 Hell-Dunkel-Kontrast ... 80
6.3.5 Quantitätskontrast ... 80
6.3.6 Qualitätskontrast ... 81
6.3.7 Farbe-an-sich-Kontrast ... 81

6.4 Farbharmonie ... 82

6.4.1 Gleichabständige Farbkombinationen ... 82
6.4.2 Nebeneinanderliegende Farbkombinationen ... 82
6.4.3 Variation der Sättigung und Helligkeit eines Farbtons ... 82

6.5 Farbkonstanz und Farbassoziation ... 83
6.5.1 Farbkonstanz ... 83
6.5.2 Farbassoziation ... 83

6.6 Aufgaben ... 88

7 Anhang 90

7.1 Lösungen ... 90
7.1.1 Kommunikation ... 90
7.1.2 Wahrnehmung ... 91
7.1.3 Gestaltgesetze ... 93
7.1.4 Gestaltungselemente ... 95
7.1.5 Perspektive ... 96
7.1.6 Farben ... 98

7.2 Links und Literatur ... 100

7.3 Abbildungen ... 101

7.4 Index ... 102

1.1 Typologie der Medien

Das Wort Kommunikation hat seinen Ursprung in der lateinischen Sprache: *communicatio* – Mitteilung, *communicare* – teilhaben, *communis* – gemeinsam. Kommunikation bedeutet also Verbindung, Austausch von Information und Verständigung zwischen Menschen. Der Begriff visuelle Kommunikation beschreibt, dass der wichtigste Kanal der Informationsübertragung das Sehen, lat. *visus* – Sehen, ist.

Bevor Sie die einzelnen Dimensionen der visuellen Kommunikation kennenlernen, möchten wir Ihnen einige theoretische Grundlagen zur Typologie der Medien und verschiedene Kommunikationsmodelle vorstellen. Diese Grundlagen sollen Sie bei der späteren Einordnung und Umsetzung in der Mediengestaltung unterstützen.

Der Begriff *Medium* hat je nach Kontext und Konnotation ganz unterschiedliche Bedeutungen. In der Kommunikationswissenschaft wird mit *Medium* meist das Kommunikationsmittel, aber auch der Kommunikationsweg oder die jeweiligen Übertragungskanäle bezeichnet.

1.1.1 Komplexität des Übertragungskanals

Der deutsche Sozialwissenschaftler Harry Pross stellte 1970 seine Einteilung der Medien in primäre, sekundäre und tertiäre Medien vor.

Primäre Medien
Die primäre Kommunikation findet direkt zwischen Menschen statt. Weder Sender noch Empfänger brauchen technische Hilfsmittel zur Übermittlung bzw. zum Empfang der Informationen. In die primäre Kommunikation können alle Sinne des Menschen, z. B. auch Tasten und Riechen, einbezogen werden.

Im Gespräch

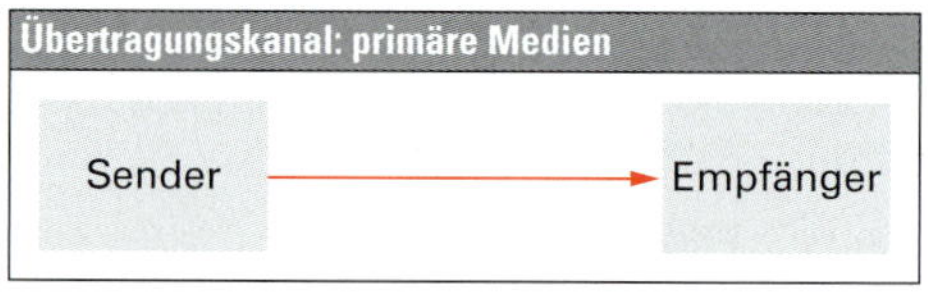

Sekundäre Medien
Auf der Seite des Senders werden technische Mittel zur Kommunikation eingesetzt. Der Empfänger der Botschaft braucht keine Geräte zur Rezeption. Die sekundären Medien setzen aber beim Empfänger eine größere Medienkompetenz als die primären Medien voraus. Der Empfänger muss lesen können und die oft symbolische Botschaft eines Bildes oder einer Grafik verstehen können. Alle Printmedien gehören in die Kategorie der sekundären Medien.

Als Plakat oder Piktogramm

Im Unterricht

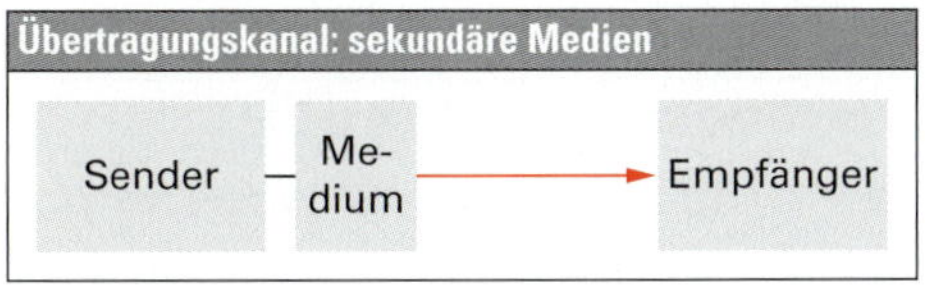

Tertiäre Medien
Die tertiäre Kommunikation setzt auf beiden Seiten, beim Sender und beim Empfänger, Kommunikationstechnik in Form von spezieller Soft- und Hardware voraus.

Alle elektronischen Medien wie Radio und Fernsehen, aber auch das

Vom Fernsehturm

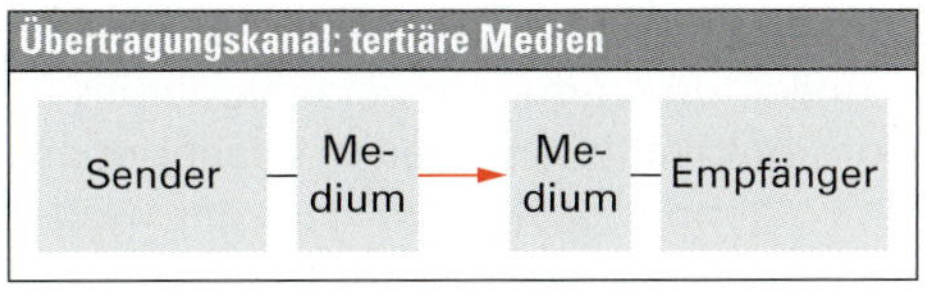

Internet mit seinen vielfältigen Diensten und die mobilen Endgeräte wie Tablets und Smartphones gehören zu den tertiären Medien.

1.1.2 Sinneskanal des Mediennutzers

Mit Print- und Digitalmedien können außer dem Sehsinn noch andere Sinneskanäle bei der Rezeption der Inhalte durch die Mediennutzer angesprochen werden:

- *Visuell*
  Schrift, Bild und Grafik, Film und Animation, Farbe, Glanz
- *Auditiv*
  Gesprochene Sprache, Musik und Geräusch
- *Haptisch oder taktil*
  Struktur, Oberfläche
- *Motorisch*
  Interaktion, Rubbeln, bewegliche Teile
- *Olfaktorisch*
  Geruch, z. B. Mikroverkapselung von Geruchsstoffen in Druckfarben

1.1.3 Dimension des Mediums

- *Inhalt*
  Information und Botschaft
- *Code*
  Zeichensystem, technischer Standard, Barrierefreiheit
- *Distribution*
  Vertrieb und Verbreitung, Hard- und Software, Übertragungsprotokoll
- *Wirtschaftlichkeit*
  Medienproduktion, Mediennutzung, Medienwirkung

1.2 Kommunikationsmodelle

Die theoretischen Grundlagen der Kommunikation werden in verschiedenen Kommunikationsmodellen beschrieben. Im Folgenden stellen wir vier der wichtigsten allgemeinen Kommunikationsmodelle vor.

1.2.1 Kommunikationsmodell von Shannon & Weaver

Das informationstheoretische Kommunikationsmodell von Shannon und Weaver aus dem Jahre 1949 ist grundlegend für viele nachfolgende Kommunikationsmodelle. Es besitzt heute noch immer Gültigkeit für die naturwissenschaftlich-mathematische Seite der Informationsübertragung, d. h. die technische Kommunikation. Inhalte der Kommunikation, deren Bedeutung oder Sinn, spielen in diesem Modell keine Rolle. Shannon sagt sogar ausdrücklich: Information hat keine Bedeutung. Betrachten wir als Beispiel die Übertragung einer E-Mail. Sie schreiben in Ihrem E-Mail-Programm eine E-Mail. Nachdem Sie als Sender den Senden-Button angeklickt haben, codiert die Software Ihre E-Mail und schickt sie über das Internet zum E-Mail-Provider, z. B. GMX oder T-Online. Der Adressat als Empfänger kann jetzt, falls es bei der Übertragung keine technischen Störungen gegeben hat, Ihre Mail mit seinem E-Mail-Programm beim Provider abrufen und auf seinen Computer laden. Nach der Decodierung durch die Software kann der Empfänger die Mail lesen. Der Inhalt Ihrer E-Mail spielt bei dieser Übertragung keine Rolle.

Zwischenmenschliche Kommunikationsprozesse sind mehr als die technische Informationsübertragung zwischen Sender und Empfänger. Es wurden deshalb weitere Kommunikationsmodelle entwickelt, die vor allem die menschlichen Beziehungen als Kommunikationsfaktor einbeziehen.

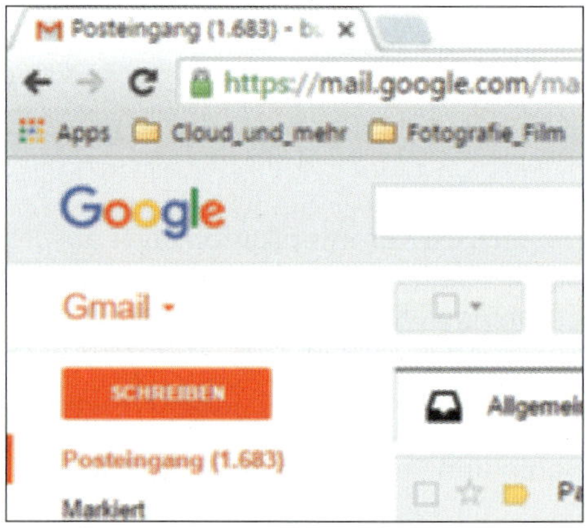

Kommunikation per E-Mail

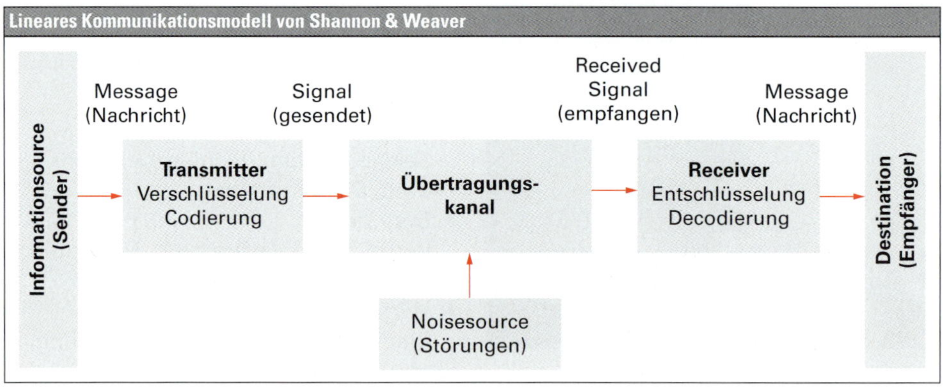

Lineares Kommunikationsmodell von Shannon & Weaver

1.2.2 Kommunikationsmodell von Paul Watzlawick

Paul Watzlawick, 1921-2007, entwickelte in seinem 1969 erstmals erschienenen Buch „Menschliche Kommunikation – Formen, Störungen, Paradoxien" ein Kommunikationsmodell mit pragmatischen Regeln der Kommunikation. Watzlawick teilt das Gebiet der menschlichen Kommunikation in drei Bereiche ein, die Syntaktik, die Semantik und die Pragmatik.

- *Syntaktik*
  Der Bereich der Syntaktik befasst sich mit den technischen Problemen der Nachrichtenübertragung. Die Syntaktik entspricht in etwa dem Kommunikationsmodell von Shannon & Weaver.
- *Semantik*
  Der zweite Bereich der Kommunikation ist die Semantik. Sie befasst sich mit der Bedeutung der verwendeten Zeichen und Symbole.
- *Pragmatik*
  Der dritte Bereich ist die Pragmatik. Der pragmatische Aspekt beschreibt das Verhalten der am Kommunikationsprozess beteiligten Personen.

Kommunikation ist immer ein System und damit sind alle am Kommunikationsprozess beteiligten Menschen ein Teil dieses Systems. Somit können wir Kommunikation auch nicht mehr als einen linear ablaufenden Prozess verstehen, sondern als ein zirkuläres System mit Rückkopplung, d. h. Feedback, zwischen den am Kommunikationsprozess beteiligten Personen.

Watzlawick postuliert auf dieser Basis die bekannten fünf Grundsätze der Kommunikation.

Kommunikationsmodell von Watzlawick

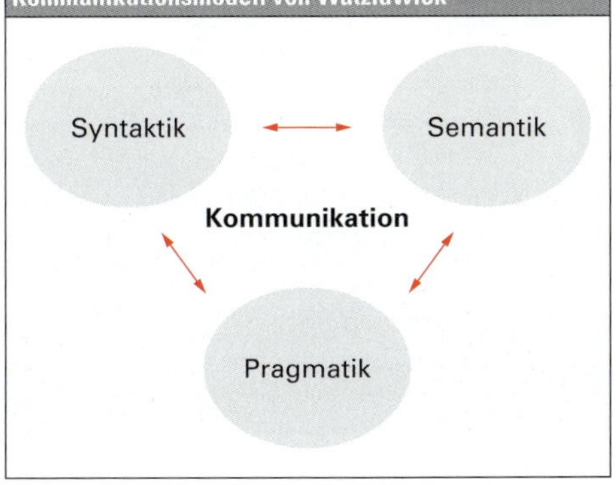

Man kann nicht nicht kommunizieren.
„Handeln oder Nichthandeln, Worte oder Schweigen haben alle Mitteilungscharakter: Sie beeinflussen andere, und diese anderen können ihrerseits nicht nicht auf diese Kommunikation reagieren und kommunizieren damit selbst." (Watzlawick 2003, S. 51).

Als Zuschauer

Jede Kommunikation hat einen Inhalts- und einen Beziehungsaspekt.
Der Inhaltsaspekt beschreibt das Was einer Nachricht. Ebenso wichtig für eine gelungene Kommunikation ist der Beziehungsaspekt, das Wie einer Nachricht. Wie möchten Sie als Sender vom Empfänger wahrgenommen und verstanden werden bzw. wie nimmt der Empfänger Sie wahr und wie versteht

er die Nachricht. Durch eine Störung des Beziehungsaspektes wird der Inhaltsaspekt entwertet.

In der Moderation

Die Natur einer Beziehung ist durch die Interpunktion der Kommunikationsabläufe seitens der Partner bestimmt.

Kommunikation kennt keinen Anfang und kein Ende, sondern verläuft kreisförmig. Zu jeder Situation gibt es eine vorhergehende und eine darauf folgende Situation. Wir müssen deshalb diesen Kreisprozess der Kommunikation in einzelne unterscheidbare Abschnitte gliedern. Watzlawick nennt dies die Interpunktion von Ereignisfolgen. Die Partner müssen einen Kommunikationsprozess strukturieren.

In der Präsentation

Menschliche Kommunikation bedient sich analoger und digitaler Modalitäten.

Sie können Objekte auf zwei unterschiedliche Arten darstellen, in einer Analogie, z. B. in einer Zeichnung, oder mittels der verbalen Benennung durch einen Namen. Mit den analogen Kommunikationsformen werden die nonverbale Kommunikation und der Beziehungsaspekt der Kommunikation beschrieben. Teil der analogen Kommunikation sind alle Aspekte der Körpersprache wie die Mimik und die Gestik sowie z. B. der Tonfall eines Menschen.

Mimik

skeptisch, abweisend, negativ, abwertend

offen, freundlich, direkt, positiv

Die Visualisierung eines Inhalts durch ein Bild oder eine Grafik entspricht ebenfalls dem analogen Modus.

Im Unterricht

Der digitale Modus der Kommunikation betrifft die Sprache als System von Zeichen, die einem bestimmten Objekt zugeordnet sind. Wenn Sie im Radio eine fremdsprachige Sendung hören, werden Sie vermutlich die Nachricht nicht entschlüsseln können. Dieses einfache Beispiel zeigt, dass die digitale Kommunikationsform der Sprache einen gemeinsamen Zeichenvorrat von Sender und Empfänger bedingt.

Beide Kommunikationsformen, die analoge und die digitale Kommunikation über die verschiedensten Medien, ergänzen sich in einer erfolgreichen Kommunikation gegenseitig und profitieren voneinander.

Kommunikation ist symmetrisch oder komplementär.
Die Kommunikation zwischen Menschen wird durch ihre soziale Position bestimmt. Die gleiche Position führt zu einer symmetrischen Kommunikation. Eine unterschiedliche Position bedingt eine komplementäre Kommunikation. Symmetrisch bedeutet spiegelbildlich oder spiegelgleich. Für die Kommunikation heißt dies, dass die Partner einer symmetrischen Kommunikation gleichberechtigt sind. Die Präsentation vor Mitschülern oder Kollegen ist ein Beispiel für eine symmetrische Kommunikationssituation.

In der Fachdiskussion

Komplementär bedeutet ergänzend. Die ungleichen Kommunikationspartner ergänzen durch ihr unterschiedliches Verhalten die Kommunikation zu einer Gesamtheit. Wenn Sie vor Kunden, Vorgesetzten oder Lehrern präsentieren, dann ist dies ein komplementärer Kommunikationsprozess.

1.2.3 Kommunikationsmodell von Friedemann Schulz von Thun

Friedemann Schulz von Thun, Gründer des Schulz von Thun Institutes für Kommunikation ind Hamburg, war von 1975 bis 2009 Professor für Psychologie an der Universität Hamburg. 1981 hat er sein Kommunikationsmodell, das Kommunikationsquadrat, vorgestellt.

Kommunikationsquadrat
Schulz von Thun unterscheidet bei der Kommunikation vier verschiedene Aspekte. Er stellt die vier Seiten einer Äußerung als Quadrat dar. Dem Sender ordnet er dementsprechend „vier Schnäbel“ und dem Empfänger „vier Ohren“ (Vier-Ohren-Modell) zu. An der Kommunikation sind immer vier Schnäbel und vier Ohren beteiligt. Sie übermitteln mit Ihrem Medium immer vier Botschaften gleichzeitig und der Mediennutzer empfängt dementsprechend immer vier Botschaften gleichzeitig:

1. *Sachinhalt – „Worüber ich informiere.“*
   Mit Ihrem Medium vermitteln Sie dem Nutzer des Mediums einen bestimmten Inhalt.
2. *Selbstkundgabe – „Was ich von mir zu erkennen gebe.“*
   Mit Ihrer Medienkonzeption und

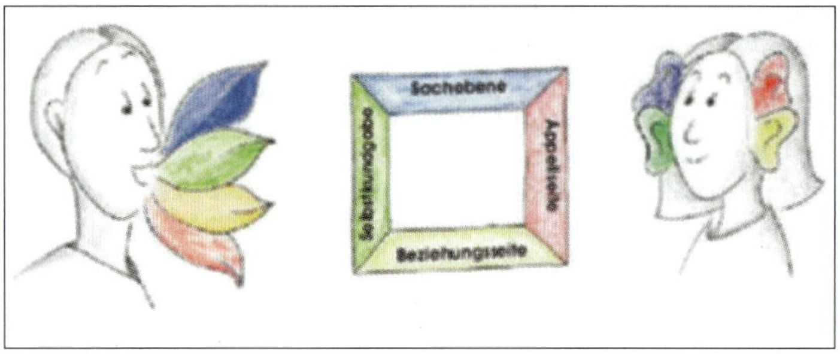

Das Kommunikations-quadrat

-gestaltung geben Sie auch ein Stück von sich preis. Die Nutzer merken, ob Sie hinter Ihrer Sache stehen oder nur Theater spielen. Seien Sie natürlich und authentisch.

3. *Beziehung – „Was ich von dir halte und wie ich zu dir stehe."*
   Der Beziehungsaspekt ist sicherlich der am schwierigsten erfassbare. Trotzdem hat er entscheidenden Einfluss auf das Gelingen des Kommunikationsprozesses. Auf der Beziehungsebene werden Ich-Botschaften und Du-Wir-Botschaften gesendet.
4. *Appell – „Was ich bei dir erreichen möchte."*
   Mit jeder Aussage appellieren Sie an Ihre Zuhörer, eine geistige oder körperliche Handlung durchzuführen. Die Appelle können offen, unterschwellig, manipulativ, ... sein.

Körperhaltung

positiv, anbietend, überzeugend

dozierend, ermahnend, negativ, abweisend

Verständlichkeit

Schulz von Thun nennt vier Merkmale für eine verständliche Aussage:

1. *Einfachheit*
   Der Sachinhalt sollte einfach, richtig und ansprechend dargestellt werden. Wenn Sie kurze Sätze bilden und unnötige Fremdwörter vermeiden, steigern Sie ebenfalls den Erfolg Ihrer Botschaften.
2. *Gliederung*
   In Ihrem Medium muss ein roter Faden erkennbar sein. Gliedern Sie den Inhalt folgerichtig, trennen Sie unwichtige von wichtigen Informationen.
3. *Kürze und Prägnanz*
   Ihr Medium muss auf das Kommunikationsziel ausgerichtet sein. Vermitteln Sie eine klare Botschaft.
4. *Stimulans*
   Gestalten Sie Ihren Text, Ihre Grafiken, Ihre Bilder spannend und abwechslungsreich. Weichen Sie ab von der Norm. Bieten Sie etwas Neues, noch nie Dagewesenes.

1.2.4 Kommunikationsmodell von Harold Dwight Lasswell

Das vierte Kommunikationsmodell wurde schon 1948 von dem amerikanischen Wissenschaftler Harold Dwight Lasswell (1902 - 1978) entwickelt. Kernstück des Modells ist die berühmte Lasswell-Formel.

Lasswell-Formel
Who says what in which channel to whom with what effect?
auf Deutsch: Wer sagt was über welchen Kanal zu wem mit welchem Effekt?

Laswell strukturiert in der Formel die Kommunikation als linearen Prozess in fünf Stufen.

Wer sagt – Sender
Sender, Kommunikator oder Quelle – drei Begriffe, die dasselbe beschreiben: die Person, die Gruppe, das Unternehmen oder das Massenmedium, die die Information aussenden und dadurch verbreiten.

Was – Inhalt, Botschaft
Der Inhalt kann eine persönliche Botschaft oder auch eine Werbeaussage sein.

Über welchen Kanal – Medium
Der Kanal ist die Verbindung zwischen Sender und Empfänger. Abgestimmt auf das Kommunikationsziel kann dies das persönliche Gepräch, ein Print- oder Digitalmedium oder auch eine Social-Media-Plattform sein.

Zu wem – Empfänger, Zielgruppe
Eine erfolgreiche Kommunikation muss zielgruppenorientiert sein.

Die Medienauswahl, die Medienkonzeption und die Medienproduktion müssen auf die Besonderheiten der Empfänger bzw. der Rezipienten in der Zielgruppe abgestimmt sein.

Zielgruppenanalysebereiche

- **Demografischer Bereich**
  Alter, Geschlecht, Familienstand, Zahl der Kinder
- **Geografischer Bereich**
  Wohnort, Region, Bundesland
- **Psychografischer Bereich**
  Lebensstil, Einstellungen, Interessen, soziale oder politische Orientierung
- **Soziografischer Bereich**
  Gesellschaftliche Stellung, Beruf, Schulbildung, Freizeitverhalten
- **Wirtschaftlicher Bereich**
  Einkommen, Kaufverhalten, wirtschaftliche Stellung

Mit welchem Effekt – Medienwirkung
Idealerweise löst die Kommunikation beim Empfänger das vom Sender beabsichtigte Verhalten aus.

Schaufenster

1.2.5 AIDA-Modell

Als letztes Kommunikationsmodell möchten wir Ihnen das AIDA-Modell vorstellen. Es wurde 1898 von dem Amerikaner Elmo Lewes (1872 - 1948) als Stufenmodell eines Verkaufsgesprächs entwickelt. Das AIDA-Modell ist auch heute noch aktuell und ein Basismodell im Marketing und der Werbung.

Attention – Aufmerksamkeit
Die Kommunikation erregt bei der Zielgruppe Aufmerksamkeit.

Interest – Interesse
Aus der Aufmerksamkeit wird Interesse an der Information oder dem Gegenstand.

Desire – Wunsch
Aus dem Interesse wird der Wunsch oder das Verlangen nach Besitz.

Action – Handlung
Das Verlangen wird durch eine Handlung, z.B. den Kauf, befriedigt.

1.3 Aufgaben

1 Medien nach Pross einteilen

Wodurch unterscheiden sich die drei Medientypen?
a. Primäre Medien
b. Sekundäre Medien
c. Tertiäre Medien

a.

b.

c.

2 Medientypen visualisieren

Visualisieren Sie die drei Medientypen in einem Modell der Informationsübertragung.
a. Primäre Medien

b. Sekundäre Medien

c. Tertiäre Medien

3 Sinneskanäle kennen

Welche Sinne werden von den Print- und Digitalmedien angesprochen?

4 Kommunikationsmodell von Shannon & Weaver kennen

Welche Bedeutung hat das Kommunikationsmodell von Shannon & Weaver in der digitalen Kommunikation?

5 Kommunikation kennen

Tragen Sie drei Dimensionen, die die Kommunikation beeinflussen, ein.

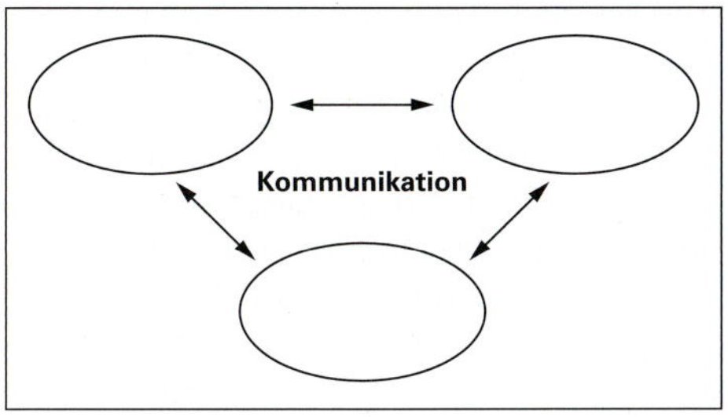

6 Kommunikationsmodell von Watzlawick kennen

Erklären Sie die drei Bereiche der Kommunikation:
a. Syntaktik
b. Semantik
c. Pragmatik

a.

b.

c.

7 Kommunikationsmodell von Watzlawick kennen

Nehmen Sie zu der folgenden These von Watzlawick Stellung: „Man kann nicht nicht kommunizieren."

8 Kommunikationsmodell von Schulz von Thun erläutern

Was versteht man unter dem
- Vier-Schnäbel-Modell,
- Vier-Ohren-Modell?

9 Lasswell-Formel kennen

Wie lautet die Lasswell-Formel?

10 AIDA-Modell kennen

Nennen Sie die vier Stufen des AIDA-Modells.

A

I

D

A

2.1 Informationen wahrnehmen

Menschen nehmen immer und überall Informationen wahr. Sie orientieren sich dadurch in ihrer Umwelt, erkennen drohende Gefahren, bewerten die Stimmung ihres Gegenübers …, kurz Wahrnehmung ist für uns Menschen überlebenswichtig.

Allgemein wird Wahrnehmung als Tätigkeit oder Vorgang der Informationsaufnahme durch unsere Sinne beschrieben. Wahrnehmen ist ein kontinuierlicher Prozess, bei dem die Informationen aber nicht nur aufgenommen, sondern auch ständig ausgewählt und bewertet werden. Wahrnehmen ist dabei mehr als Sehen, Hören, Riechen, Schmecken oder Fühlen. Es wirken immer die Wahrnehmungen aller Sinnesorgane zusammen. Eine angenehme Umgebung lässt uns Musik anders wahrnehmen als eine grelle, womöglich noch übelriechende Umgebung.

Selektive Wahrnehmung

Alle Menschen suchen sich aus der übergroßen Fülle der angebotenen Informationen die für sie subjektiv relevanten Teile heraus. Dies sind konkrete, uns direkt betreffende Gegebenheiten der Umwelt, die unsere eigenen Erfahrungen, Bewertungen und Handlungsmöglichkeiten beeinflussen. Wahrnehmung ist somit niemals wertfrei.

Die Kunst des Gestaltens besteht darin, die Aufmerksamkeit des Betrachters zu erlangen und den Blick in die gewünschte Richtung auf das Objekt zu lenken.

Selektive Wahrnehmung

Heiß und nichts los – gibt es hier irgendwo ein Eis?

2.2 Visuelle Wahrnehmung

Was passiert in unseren Augen, wenn wir etwas sehen? Die erste Antwort ist immer die, dass unser Auge wie eine Kamera funktioniere. Es sei ebenso ein optisches System, das statt des Chips oder in analogen Kameras des Films, eben die Netzhaut als Empfänger hat. Die auf der Netzhaut befindlichen Rezeptoren wandeln die visuellen Informationen in nervöse Signale um. Diese Signale werden dann zur weiteren Verarbeitung an das Gehirn geleitet. Erst dort entsteht das Bild, das wir sehen, oder besser, das wir wahrnehmen.

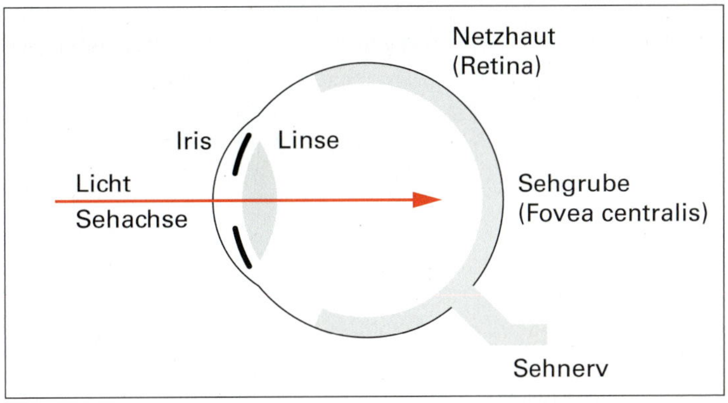

2.2.1 Mit den Augen sehen

Auf der Netzhaut, Retina, des menschlichen Auges befinden sich lichtempfindliche Zellen. Sie werden als Pigment- oder Photorezeptoren bezeichnet. Es gibt zwei Arten von Rezeptoren, die nach Form und Funktion unterschieden werden, Stäbchen und Zapfen. Die Netzhaut hat etwa 120 Millionen Stäbchen und nur ca. 7 Millionen Zapfen. Die überwiegende Mehrzahl der Zapfen konzentriert sich in der Fovea, dem Sehzentrum des Auges.

Die Stäbchen haben keine spektrale Empfindlichkeit, sie können ausschließlich Helligkeiten unterscheiden. Die Zapfen sind farbempfindlich, etwa ein Drittel der Zapfen jeweils für rotes, grünes und blaues Licht. Sie sehen also nur drei Farben: Rot, Grün und Blau. Alle anderen Farben sind das Ergebnis der Signalverarbeitung und Bewertung im Sehzentrum des Gehirns.

Bei ausreichender Helligkeit sehen wir vor allem mit den Zapfen, bei schwacher Beleuchtung, z. B. in der Dämmerung, sehen wir vor allem mit den Stäbchen. Sie kennen sicherlich den Ausspruch: „Nachts sind alle Katzen grau." Das Farbensehen ist also stark von der Beleuchtung bzw. von der ins Auge fallenden Lichtmenge abhängig.

Grundfarben

Rot, Grün und Blau sind die Grundfarben nach der Drei-Farben-Theorie von Young-Helmholtz.

2.2.2 Mit allen Sinnen wahrnehmen

Von den fünf Sinnesorganen des Menschen, Auge, Haut, Nase, Ohr und Zunge, ist das Auge das wichtigste. Etwa 70 Prozent aller Umweltreize werden über den Sehsinn wahrgenommen. Was wir sehen und was wir wahrnehmen ist nicht immer das Gleiche. Außer durch die Meldungen der anderen Sinnesorgane wird unsere Wahrnehmung durch Erfahrungen und die jeweilige Stimmung beeinflusst. Der Seh- oder Gesichtssinn des Menschen steht in enger Beziehung zu den anderen vier Sinnen, dem Tastsinn, dem Geruchssinn, dem Geschmackssinn und dem Hörsinn. Die Wahrnehmung eines Sinnesorgans ist immer ein Zusammenwirken aller Sinnesreize.

Die visuelle Wahrnehmung wird somit nicht nur durch das auf der Netzhaut des Auges abgebildete Reizmuster bestimmt, vielmehr ist die Wahrnehmung das Ergebnis der Interpretation der jeweils verfügbaren Daten. Wahrnehmung ist also nicht wirklich wahr. Was Sie wie wahrnehmen, ist nicht

Visuelle Wahrnehmung

Schematische Darstellung der verschiedenen Einflussfaktoren

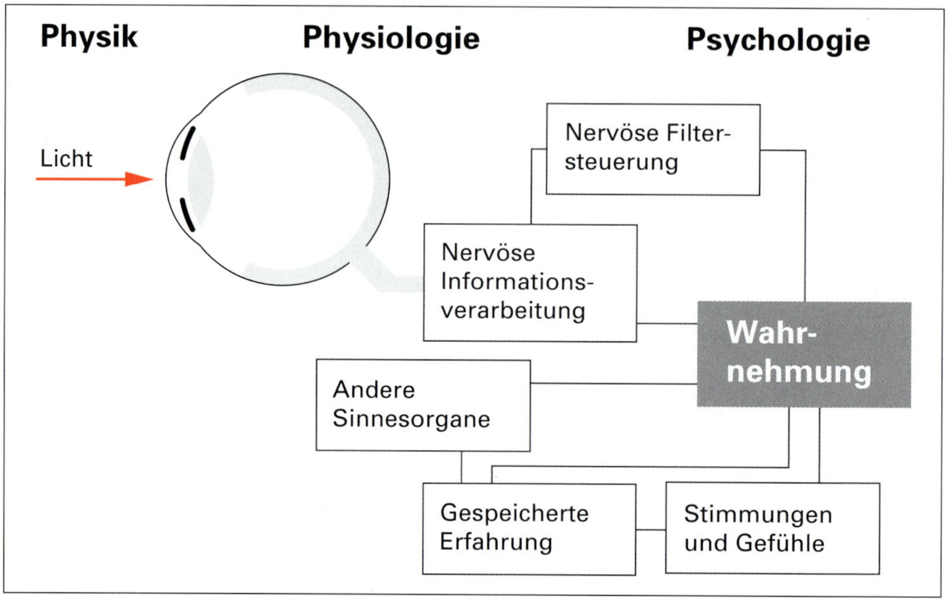

nur das Ergebnis der Physiologie des Sehvorgangs. Ihre Wahrnehmung wird ebenfalls stark durch die Psychologie und Ihr subjektives Empfinden bestimmt. Das Auge sieht, aber das Gehirn nimmt wahr.

2.2.3 Gesichtsfeld – optische Spannung

Das menschliche Gesichtsfeld erfasst in der Horizontalen einen Bereich von ca. 180° und in der Vertikalen einen Winkel von ca. 120°. Der tatsächlich scharf abgebildete Bildwinkel beträgt nur 1,5°.

Gesichtsfeld und scharf abgebildeter Bildwinkel

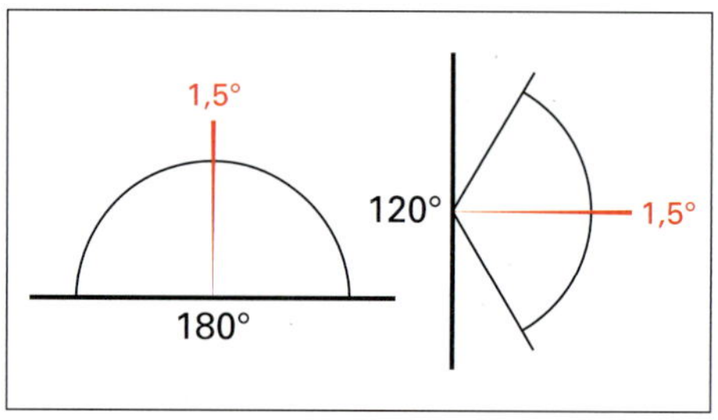

Das Auge richtet den Blick auf ein Detail, um es scharf zu sehen. Die andauernden Augen- und Kopfbewegungen führen zu weiteren Details. Die Teile des Blickfelds werden einzeln aufgenommen und im Gehirn zu einem Gesamteindruck verschmolzen. Dabei gibt die optische Wahrnehmung den seriellen Sehvorgang nicht wieder.

Der Weg des Auges unterliegt großteils nicht dem bewussten Willen, sondern wird von dem knapp außerhalb des scharf abgebildeten Bereichs liegenden Element angezogen. Aus dem Zurückspringen auf das vorher Gesehene entsteht ein spannungsvolles Gleichgewicht. Immer wenn das Auge einen bestimmten Punkt erreicht hat, muss ein neues dynamisches Spannungsfeld den Blick weiterleiten. Die unterschiedlichen visuellen Gewichte der Flächenelemente erzeugen ein Spannungsmuster, gleichwertige Elemente führen zu einem Patt und das Auge irrt über das Format.

2.3 Optische Täuschungen

Hätte ich es nicht selbst gesehen – ich würde es nicht glauben. Glauben Sie alles, was Sie sehen? Als Beispiel, wie sich unsere Wahrnehmung hinters Licht führen lässt, hier eine kleine Sammlung bekannter optischer Täuschungen. Die Beeinflussung der subjektiven Wahrnehmung wird in der Gestaltung gezielt eingesetzt. Aber sehen wir es positiv, Sie nutzen die Phänomene der Wahrnehmung nicht, um den Betrachter bewusst zu täuschen oder zu manipulieren, sondern um Ihre wichtige Botschaft dem Betrachter durch die Gestaltung Ihres Print- oder Digitalmediums optimal zu vermitteln.

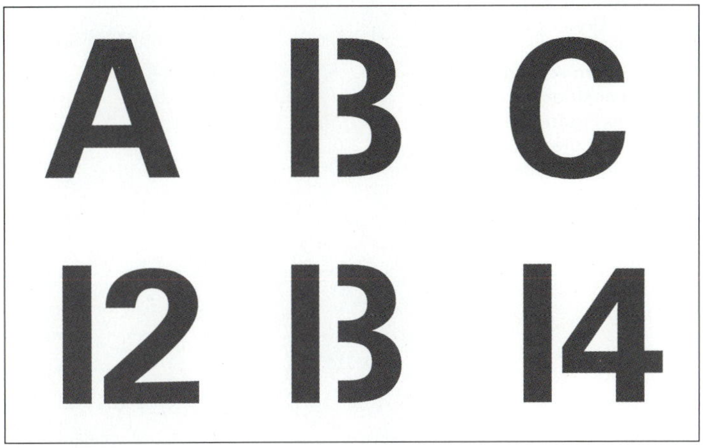

Wahrnehmung im Kontext

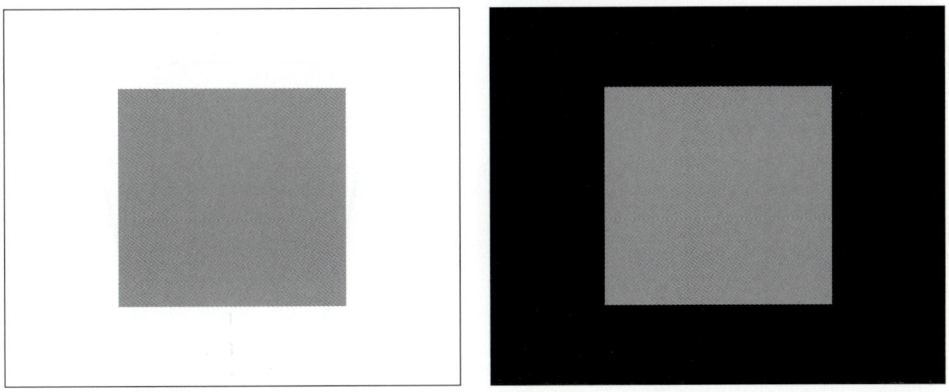

Munker-White-Täuschung

Unsere Wahrnehmung ist nicht nur durch die absolute Helligkeit, sondern auch durch den Kontrast beeinflusst.

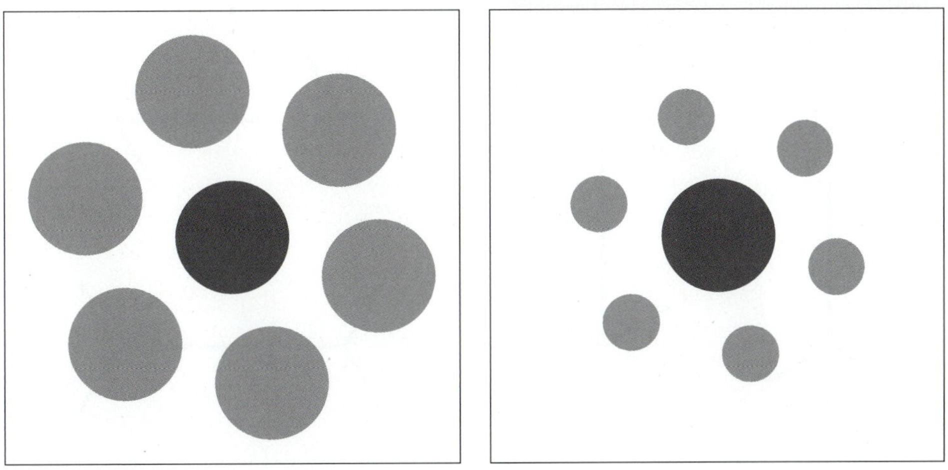

Titchener Kreistäuschung

Sind beide inneren Kreise gleich groß? Messen Sie nach!

Kanizsas-Dreieck

Wie viele Dreiecke sehen Sie? Unser Gehirn erkennt auch Bruchstücke bekannter Figuren und ergänzt diese zur vollständigen Form.

Welche Linie ist länger?

Unsere Erfahrung der räumlichen Wahrnehmung führt uns hier in die Irre.

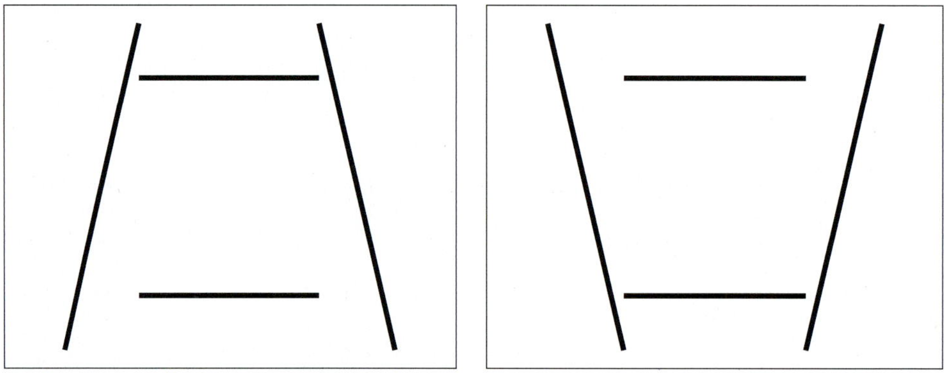

Müller-Lyer-Täuschung

Die beiden Geraden erscheinen jeweils unterschiedlich lang. Die Pfeile scheinen die Geraden zu stauchen bzw. zu strecken.

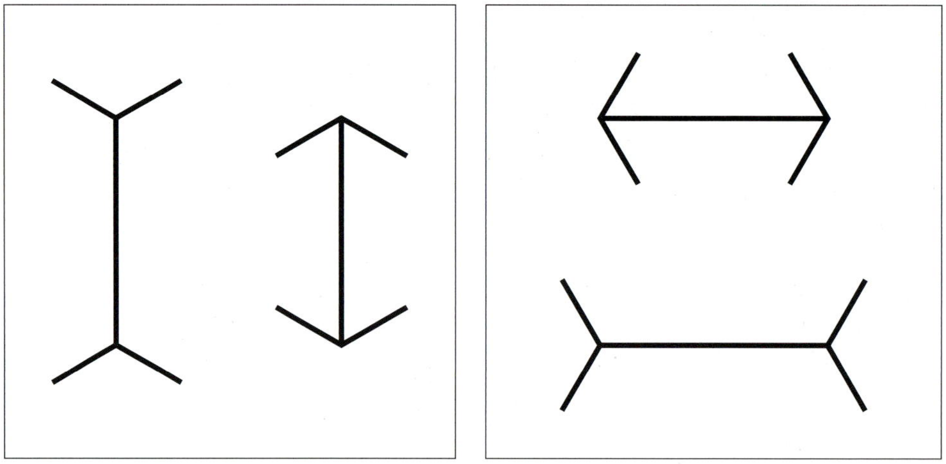

Hermann-Gitter

Achten Sie auf die Kreuzungen – Sehen Sie weiße oder schwarze Punkte?

Kaffeehaus-Illusion

Die versetzten Quadrate wirken stärker als die parallelen Linien. Wir nehmen dadurch die Linien schief wahr.

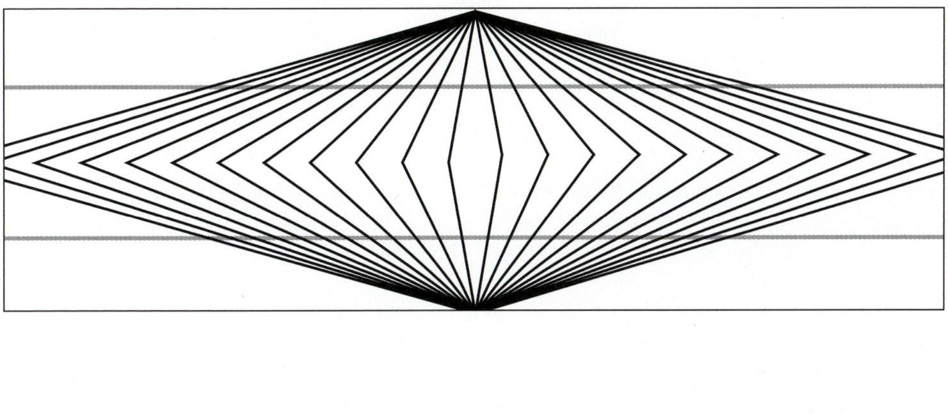

Zwei Parallelen

Verlaufen die beiden Linien tatsächlich parallel?

Farbnachbild

Fixieren Sie 20 Sekunden das schwarze Kreuz in der Mitte. Schauen Sie danach auf die weiße Fläche darunter. Für eine kurze Zeit sehen Sie dort die Komplementärfarbe: Grün.

Unser Gehirn interpretiert das fehlende Signal als Komplementärfarbe.

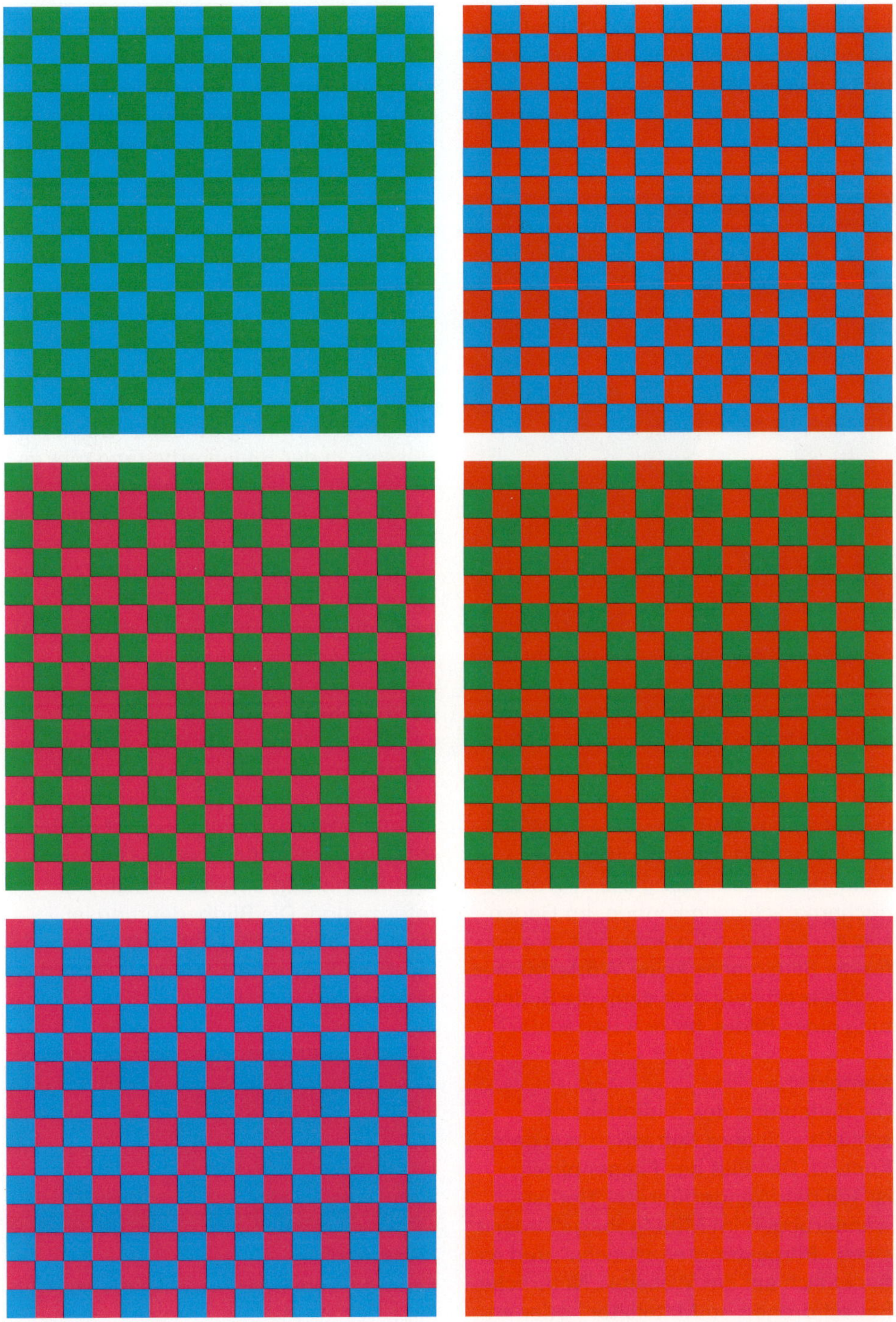

Farbwirkung

Dasselbe Grün, dasselbe Cyan, kombiniert mit Magenta und Rot. Wie viele Farben sehen Sie?

Farben stehen nie alleine. Sie werden immer in der Wechselwirkung mit den benachbarten Farben wahrgenommen.

2.4 Bilder

Ein Bild sagt mehr als 1000 Worte! Wer kennt diesen Satz nicht. Und was sagt Ihnen dieses Bild?

Die Bedeutung eines Bildes können Sie nicht einfach in einem Bilderbuch nachschauen. Bilderbücher erläutern leider nicht die Bedeutung von Bildern. Im Gegensatz dazu sind die Buchstaben und Zeichen einer Schrift definiert. In ihrer Kombination ergeben sich Wörter, z. B. Fliegenpilz, Herbst, giftig oder Wald, deren Bedeutung Sie in Wörterbüchern nachlesen können. Im Gegensatz zur verbalen Sprache gibt es also für die Bildsprache keine Wörterbücher.

Wie erschließt sich dann die Bedeutung eines Bildes für den Betrachter?

Ein Bild sagt mehr als 1000 Worte!

Kontext

Die Bedeutung des Bildinhalts erschließt sich dem Betrachter aus dem Kontext. Das Bild des Fliegenpilzes ist Teil des Wanderführers „Herbstwanderungen im Mittelgebirge“ oder eines „Pilzbestimmungsbuchs“ und es findet sich auf der Website „Natürliche Rauschdrogen im Mittelalter“ oder im Bildband „Farben in der Natur“...
Ein Bild sagt mehr als 1000 Worte. Die konkrete Botschaft eines Bildes vermittelt sich durch die Kombination von Bildmotiv, Bildunterschrift und Kontext.

Formale Gestaltung

Ein Bild zeigt immer nur seine Wirklichkeit. Es wurde fotografiert und danach meist technisch und gestalterisch bearbeitet. Der Fotograf hat schon durch die Wahl des Bildausschnittes, der Schärfentiefe, der Belichtungszeit usw. bestimmte Entscheidungen getroffen, die die Bildwirkung erheblich beeinflussen. In der Bildverarbeitung gibt es heute fast unbeschränkte technische Möglichkeiten der Bildmodifizierung. Sie kennen alle sicherlich die Szene aus dem Film Forrest Gump, in der Tom Hanks als Forrest Gump Präsident Kennedy die Hand gibt – technisch überzeugend, aber eine digitale Montage.

Technische Umsetzung

Die Einzelteile eines Bildes, wie Rasterpunkte im Druck, Pixel oder Bildpunkte auf einem Monitor, sind nicht codiert. Die Teile bilden in der Gesamtheit das Bild. Je nach Auflösung und Farbtiefe enthält ein Bild unterschiedlich viel Information. Die Bildbedeutung ist dadurch aber nicht bestimmt. Das Bild lässt zahllose unterschiedliche Interpretationen zu.

Pixeldarstellung

Ein stark vergrößerter Ausschnitt aus dem Bild des Fliegenpilzes

Bildsprache

„Jede Fotografie ist eine Übersetzung der Wirklichkeit in die Form eines Bildes. Und ähnlich wie eine Übersetzung von einer Sprache in die andere kann die visuelle Übersetzung der Wirklichkeit in die »Bildsprache« der Fotografie auf zwei grundlegend verschiedene Arten vorgenommen werden: buchstäblich und frei."

Andreas Feininger: Große Fotolehre, Heyne Verlag, 2001, S. 260

Sie haben eine eigene Art sich zu bewegen, sich auszudrücken und zu sprechen. Versuchen Sie Ihren Blick auf die Dinge in der Welt genauso in Ihre eigene visuelle Sprache zu übersetzen. Dies ist schwierig und wird sicherlich nicht gleich gelingen, aber auch die Arbeit daran lohnt sich und erweitert Ihre kreativen Möglichkeiten und Fähigkeiten.

Buchstäblich …

Werbung für ein Tennisturnier mit dem Bild eines Tennisspielers. Der Betrachter sieht sofort: Hier geht es um Tennis, nicht um Fußball.

… oder frei

Das Bild der jungen Frau symbolisiert Freiheit und Lebensfreude, Emotionen, die der Kunde auch mit dem Produkt Mobilfunk „sunrise" verbinden soll.

2.5 Semiotik

2.5.1 Zeichen in der Welt

Zeichen bestimmen unseren Alltag. Wenn Sie durch die Straßen Ihrer Stadt gehen, wenn Sie im Internet surfen, wenn Sie den Anzeigenteil Ihrer Tageszeitung aufschlagen – überall sehen Sie Zeichen. Aber, nehmen Sie diese Zeichen auch wahr? Verstehen Sie ihre Botschaft? Betrachten Sie das einfache Schild aus dem Hafen von Esbjerg,

Zeichen bestimmen unseren Alltag.

einer Stadt in Dänemark. Sie finden darauf ein Abbild der Realität als Collage, Piktogramme, das Logo des Hafens und Schrift. Auch die blaue Farbe des Schildes ist Teil der Botschaft, alle Hinweisschilder sind in diesem Blau gehalten. Alles klar?

2.5.2 Saussure und Peirce

Die Semiotik, die Lehre von der Bedeutung der Zeichen, wurde zu Beginn des 20. Jahrhunderts unabhängig voneinander von den beiden Wissenschaftlern Ferdinand de Saussure (1857–1913) und Charles Sanders Peirce (1839–1914) begründet. Saussure war Professor für Linguistik. Der Schwerpunkt seiner Forschungen lag deshalb auf der Bedeutung von Zeichen und Sprachelementen in der Sprache, weniger auf der Bedeutung der visuellen Zeichen oder der Voraussetzungen beim Empfänger für das Verstehen der Zeichen.

Saussure nannte die neue Wissenschaft Semiologie, Peirce benutzte den heute allgemein gebräuchlichen Begriff Semiotik.

Peirce beschäftigte sich als Philosoph nicht nur mit der Struktur und Bedeutung der Zeichen, sondern auch mit den Voraussetzungen und Reaktionen der Empfänger. Er fasste seine Erkenntnisse in einem Dreiecksmodell zusammen. Eine Komponente ist das Zeichen an sich, die zweite Komponente ist der Empfänger, der das Zeichen verwendet, und die dritte Komponente ist die Realität.

Semiotisches Dreieck

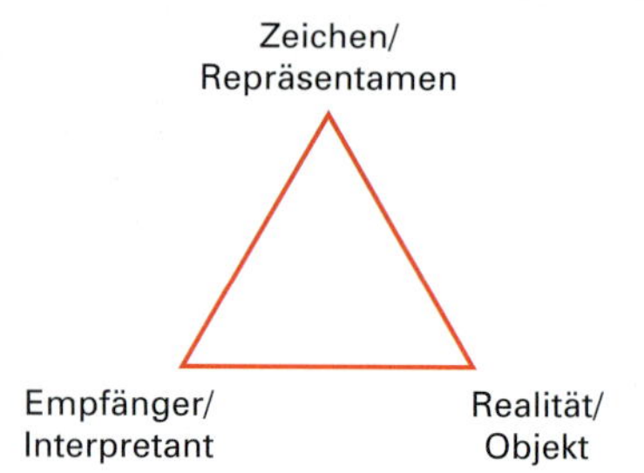

2.5.3 Drei Zeichenkategorien

Peirce teilte die Zeichen in ihrer Objektbeziehung in drei Kategorien mit zunehmendem Abstraktionsgrad ein, und zwar die Ikone, den Index und das Symbol.

Ikone
Ikonen sind Zeichen, die dem dargestellten Objekt ähneln. Beispiele für Ikonen sind Piktogramme und Icons in der Software.

Icons in der Software
Öffnen | Speichern | Drucken | Hervorheben | Schriftfarbe

Als Teil der grafischen Benutzeroberflächen von Betriebssystemen und Programmen ist das Icon unverzichtbarer Bestandteil geworden. Das Icon (icon: lateinisch für Bild) wurde 1975 von David C. Smith am Xerox PARC als Begriff eingeführt. Der Begriff Icon wird für alle grafischen Zeichen einer grafischen Benutzeroberfläche benutzt. Tatsächlich können aber Icons auch Indizes oder Symbole sein.

Index
Der Index ist als Zeichen direkt mit dem Objekt verknüpft. Er zeigt aber, im Gegensatz zur Ikone, kein direktes Abbild. Beispiele für Indizes sind Verkehrszeichen oder Icons. Ebenso wie die Zuordnung der Icons zu den drei Zeichenkategorien nicht immer leicht und eindeutig ist, gehören verschiedene Verkehrszeichen auch zur Kategorie der Ikonen und zur Kategorie der Symbole. Nehmen wir das Ampelzeichen als Beispiel. Das Ampelzeichen ist eine abstrahierte Darstellung einer realen Verkehrsampel und gehört deshalb zur Kategorie der Ikonen. Das Ampelzeichen ist aber auch ein Index. Das Verkehrszeichen ist in räumlicher Nähe zur Ampel aufgestellt und erzeugt dadurch eine direkte Verknüpfung zwischen Zeichen und Objekt. Das Schild zeigt allerdings nicht die momentane Anzeige, sondern die drei Lichtzeichen, Rot, Gelb und Grün, sind alle an. Das Verkehrszeichen fordert Ihre erhöhte Aufmerksamkeit im Straßenverkehr. Gleich sehen Sie die Ampel. Das jetzt leuchtende Licht bestimmt Ihr weiteres Verhalten – Bremsen oder Gas geben.

Indizes in der Textverarbeitungssoftware
Schriftschnitt | Textausrichtung

Zeichen und Realität

Symbol

Symbolen fehlt der direkte Bezug zwischen Zeichen, Objekt und Bedeutung. Symbolische Zeichen werden auch als arbiträre Zeichen bezeichnet. Arbiträr heißt, dass die Bedeutung eines Zeichens sich nicht aus seiner Form und Farbe erschließt, sondern dass ihm seine Bedeutung als Teil einer Konvention verbindlich zugeordnet ist.

Beispiele für Symbole sind Markenzeichen, Logos oder Icons.

Symbole
für Apotheke und Post, ihre Bedeutung ist durch Konvention festgelegt und muss vom Betrachter gelernt werden.

Icons in der Software
Zur Nachverfolgung kennzeichnen | Webseitenvorschau | Sonderzeichen einblenden | Formatierungspalette | Einfügen | Format übertragen

2.5.4 Drei Zeichendimensionen

Charles William Morris (1901–1979) hat ausgehend vom Modell von Peirce den Akt der Bedeutungsfindung eines Zeichens, die Semiose, in drei Dimensionen unterteilt.

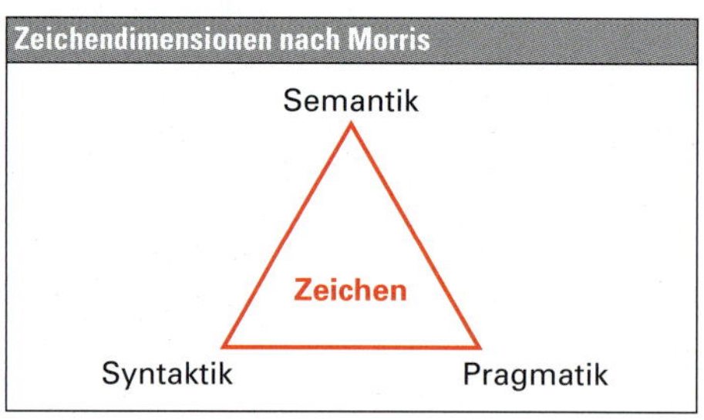

Syntaktik – Wie?

Die Syntaktik hat die formale Gestaltung eines Zeichens zum Thema, z. B. seine Form, Farbe und Größe, zum Inhalt. Es geht auch um die Beziehung der Zeichen zueinander. Nehmen wir wieder das Beispiel Verkehrszeichen. Die syntaktische Dimension zeigt, welche Form und Farbe Warnschilder haben und welche Form und Farbe Hinweisschilder haben.

Vorschriftszeichen

Gefahrenzeichen

Semantik – Was?

Die Bedeutung und die Botschaft eines Zeichens wird durch seine semantische Dimension beschrieben.

Nach der StVO stehen Gefahrenzeichen in angemessener Entfernung vor der Gefahrenstelle. Sie haben noch Zeit, die Warnung wahrzunehmen, sich auf die Gefahr einzustellen und angemessen zu reagieren. Das Vorschriftszeichen steht unmittelbar vor der Kreuzung. Damit ist der räumliche Bezug eindeutig.

Pragmatik – Warum?

Zweck und Einsatzgebiet eines Zeichens sind der Gegenstand der Pragmatik.

Die Form des Gefahrenzeichens ist Ihnen als Autofahrer bekannt. Der Standort des Gefahrenschildes in angemessener Entfernung lässt Ihnen Zeit, sich auf die Gefahrensituation einzustellen. Der Standort des Vorschriftszeichens zeigt unmittelbar, wo Sie welche Vorschrift, hier: Vorfahrt gewähren!, einhalten müssen.

2.5.5 Erlernen der Bedeutung

Allen Zeichen, gleich welcher Kategorien sie zuzuordnen sind, ist gemeinsam, dass ihre Erstellung und ihr Verstehen beim Sender und beim Empfänger eine gemeinsame Zuordnung der Bedeutung voraussetzt. Die Bedeutung der Symbole und Zeichen müssen Sie wie die Vokabeln einer verbalen Sprache lernen. Dass Sie die Bedeutung der Verkehrszeichen verstanden haben, müssen Sie als zukünftiger Autofahrer sogar in einer Prüfung nachweisen. Das Verstehen oder Nichtverstehen der Icons einer Software zeigt sich in Ihrer täglichen Arbeit mit dem Programm. Wenn Sie, wie in unserem Beispiel, noch nie ein Telefon gesehen haben. Sie also kein Vor-Bild eines Telefons im Kopf haben, das sofort abgerufen wird, wenn Sie ein Bildsymbol oder Piktogramm eines Telefons sehen, dann funktioniert die Kommunikation nicht.

Objekt in der Realität

Die Kenntnis eines Objekts in der Realität ermöglicht dem Betrachter die Assoziation mit dem Piktogramm.

Piktogramm – Vor-Bild

Der Betrachter assoziiert mit dem Piktogramm das Vor-Bild eines Telefons.

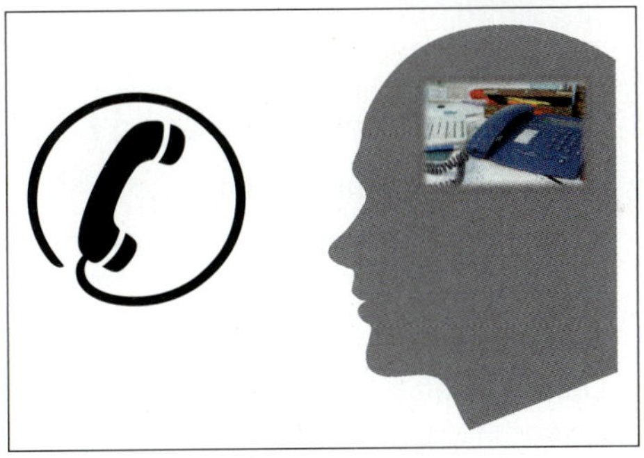

Piktogramm – Vor-Bild

Der Betrachter assoziiert trotz der stärkeren Abstraktion das Vor-Bild eines Telefons.

2.5.6 Grafische Zeichenarten

Grafische Zeichen werden in der Mediengestaltung mit unterschiedlichen Begriffen bezeichnet. Die Zeichenarten Ikone, Icon, Index und Symbol haben Sie schon kennengelernt, hier noch einige weitere wichtige Zeichenarten.

Logo
Logo kommt ursprünglich von dem Begriff *Logotype*, einer großen Bleiletter mit einem Schriftzug. Heute steht Logo im allgemeinen Sprachgebrauch für jede Art von grafischem Zeichen.

Signet
Signet ist ein bildhaftes grafisches Zeichen. Ursprünglich waren es nur Buchdrucker- und Verlegerzeichen, heute werden mit dem Begriff *Signet* alle grafischen Markenzeichen in allen Branchen bezeichnet.

Piktogramm
Piktogramme sind Bildsymbole, die beim Betrachter eindeutige Assoziationen auslösen. Sie finden sich heute in allen Bereichen. Verbreitete Anwendungsbeispiele sind Piktogramme einzelner Sportarten in Medien und im öffentlichen Raum sowie Orientierungshilfen in Gebäuden.

2.6 Leserlichkeit

2.6.1 Lesen

Lesen ist eine Interaktion zwischen der Formwahrnehmung und der Verbalisierung. Wir nehmen meist nicht die einzelnen Buchstaben eines Wortes wahr, sondern das Wort als Wortbild, als sogenanntes Graphem. Dabei spielt die Sinnhaftigkeit des Wahrgenommenen eine wichtige Rolle. Aus der Gesamtform ergibt sich für den Leser ein Begriffsbild.

Grundlegende Voraussetzung dazu ist aber, dass Sie den Text visuell wahrnehmen können. In der DIN 1450 *Leserlichkeit* von 1993 werden verschiedene Faktoren zur optischen Leserlichkeit von Texten definiert.

- *Erkennbarkeit*
  Erkennbarkeit beschreibt die Eigenschaft, einzelne Zeichen zu erkennen, um deren Information zu erfassen.

Erkennbarkeit
Die Buchstaben unterscheiden sich stärker in der oberen Hälfte und sind somit besser erkennbar.

- *Leserlichkeit*
  Leserlichkeit ermöglicht es, eine Zeichenfolge im Zusammenhang zu erfassen.

Leserlichkeit
Zur optimalen Leserlichkeit muss Zusammengehöriges klar erkennbar und gegliedert sein.

TexteohneWortabständesindschlechtleserlich.

Texte mit zu großen Wortabständen sind ebenfalls schlecht leserlich.

- *Lesbarkeit*
  Ein Text ist lesbar, wenn Sie die Information der einzelnen Zeichen in leserlich angeordneter Zeichenfolge erfassen und zweifelsfrei verstehen können.

Optimal lesbar?
Lesen Sie in Ruhe und konzentriert den Text in der Abbildung laut vor.
Welchen Text haben Sie gelesen?

2.6.2 Buchstaben und Wörter

Für das Wahrnehmen von Wörtern spielt das Gestaltgesetz der Erfahrung eine wichtige Rolle. Sie müssen die Zeichen in ihrer Form und Bedeutung kennen, damit Sie die codierte Information erfassen können. Damit Sie unser Beispiel lesen und seine Bedeutung verstehen können, muss Ihnen der Zeichenvorrat des Alphabets der deutschen Sprache bekannt sein. Außerdem haben Sie schon gelernt, dass die Kombination der Buchstaben *T, e, l, e, f, o* und *n* das Wort *Telefon* ergibt. Sie kennen auch schon ein Telefon als reales Objekt. Der letzte Schritt beim Lesen und Verstehen ist die Verknüpfung des Wortbildes *Telefon* mit dem Vor-Bild Telefon.

Die einzelnen Buchstaben und Zeichen werden als eine Art Schablone abgespeichert und beim Lesen jeweils damit verglichen. Dadurch ist es Ihnen möglich, Variationen der Form, z. B. „T" und „T", als den gleichen Buchstaben zu erkennen.

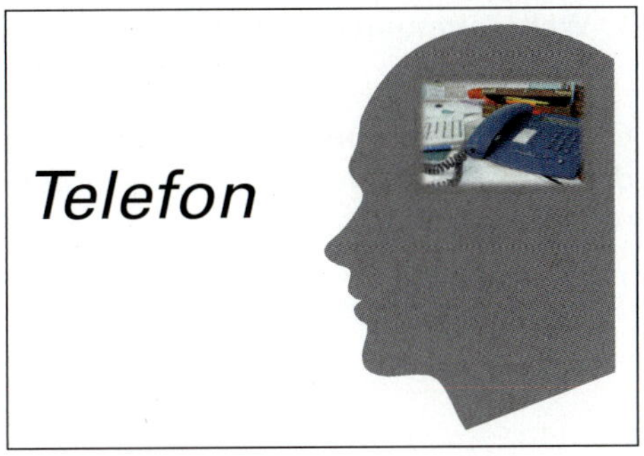

Wortbild – Vor-Bild

Der Betrachter assoziiert mit dem Wortbild das Vor-Bild eines Telefons.

2.6.3 Zeilen und Seite

Die Wahrnehmung, also das Lesen einer Zeile, erfolgt nicht in einer kontinuierlichen Bewegung, sondern ruckartig. Das Auge springt von einer Fixation, einem festen Blickpunkt, mit einer ruckartigen Bewegung, der sogenannten Sakkade, zur nächsten Fixation. In einer Fixation können Sie bei normaler Schriftgröße neun Zeichen erfassen und als Schablone eines Buchstaben- bzw. Wortbildes analysieren. Wenn das Wortbild oder der Inhalt unverständlich ist, erfolgt ein Rücksprung, eine Regression. Der Zeilenwechsel ist wiederum eine Sakkade.

Die Reihenfolge der Wahrnehmung entspricht in unserem Kulturkreis üblicherweise der Leserichtung, von links nach rechts und von oben nach unten. Die klare Anordnung der einzelnen Textteile und eine logische Blickführung ist die Voraussetzung für eine gute Wahrnehmung und Erfassung von Texten.

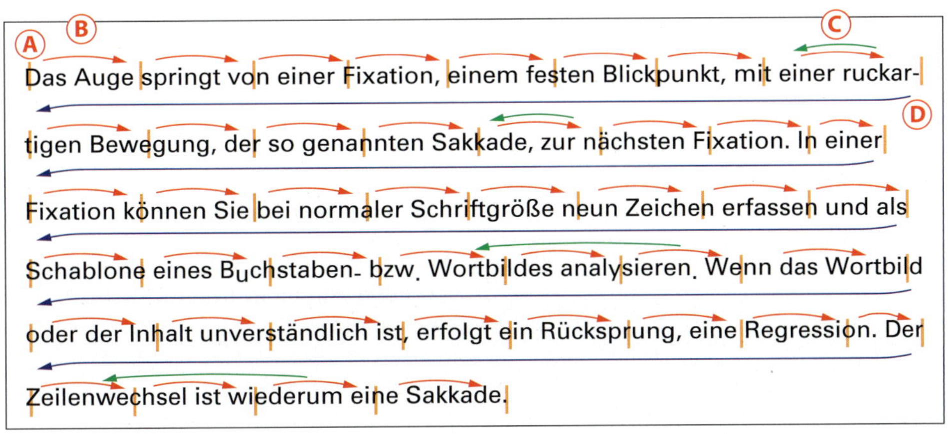

Lesevorgang

A Fixation (Blickpunkt)
B Sakkade (Vorsprung)
C Regression (Rücksprung)
D Sakkade (Zeilenwechsel)

2.7 Aufgaben

1 Wahrnehmung den fünf Sinnen zuordnen

Ordnen Sie den fünf Sinnesorganen des Menschen den jeweiligen Wahrnehmungssinn zu.

1.

2.

3.

4.

5.

2 Physiologie des Sehens beschreiben

Beschreiben Sie das physiologische Prinzip des menschlichen Sehens.

3 Sehen und Wahrnehmen einordnen

Warum unterscheidet sich das visuell Wahrgenommene von dem tatsächlich Gesehenen?

4 Das menschliche Gesichtsfeld kennen

Wie groß ist das menschliche Gesichtsfeld?

5 Das menschliche Gesichtsfeld in der Gestaltung berücksichtigen

Welchen Einfluss hat die Größe des menschlichen Gesichtsfeldes auf die Gestaltung?

6 Bildsprache kennen

„Ein Bild sagt mehr als 1000 Worte." Nehmen Sie zu dieser häufig zu hörenden Aussage Stellung.

7 Bildsprache analysieren

Wodurch unterscheidet sich eine buchstäbliche von einer freien Umsetzung einer Bildidee?

8 Unterschiedliche Wahrnehmung erklären

Erklären Sie, warum die Wahrnehmung der Zeichen in der mittleren Spalte von der Leserichtung abhängig ist.

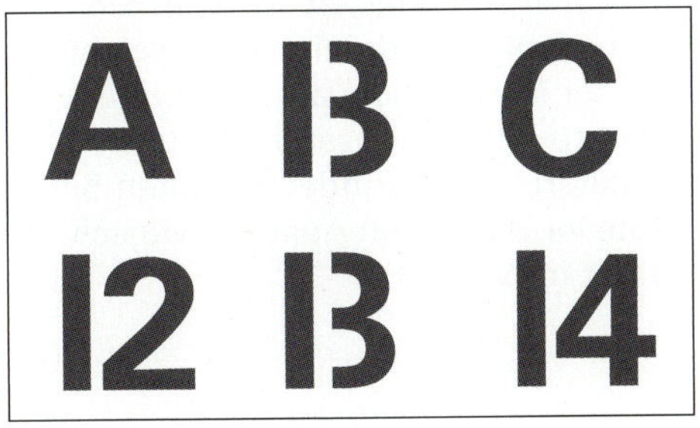

9 Bildsprache bewusst gebrauchen

Welche Bedeutung hat der Kontext für die Wahrnehmung eines Bildes?

10 Semiotik definieren

Mit welchen Inhalten beschäftigt sich die Semiotik?

11 Zeichenkategorien erklären

Erklären Sie die drei Begriffe:
a. Ikone
b. Index
c. Symbol

a.

b.

c.

12 Zeichendimensionen nach Morris kennen

Wie heißen die drei Zeichendimensionen nach Morris?

1.

2.

3.

13 Das Prinzip des Lesens kennen

Beschreiben Sie das Prinzip der Wahrnehmung beim Lesen.

3.1 Gestaltpsychologie

Die hier vorgestellten Grundlagen der Wahrnehmung sind im Wesentlichen Erkenntnisse der Gestaltpsychologie. Sie wurde zu Beginn des 20. Jahrhunderts begründet und beruht vor allem auf der empirischen Erforschung der Wahrnehmung.

Die Wahrnehmung unserer Umwelt geschieht nach der Gestaltpsychologie durch die Wahrnehmung von Formen. Nur so kann die unbestimmte Komplexität der Sinneswahrnehmungen aufgelöst und bewertet werden. Wesentlich ist dabei die sogenannte Figur-Grund-Beziehung. Der Betrachter teilt bei der Wahrnehmung sein Wahrnehmungsfeld in Figur und Grund bzw. Hintergrund auf.

Die Gestaltpsychologie hat verschiedene Gesetze zur Wahrnehmungsorganisation formuliert. Diese sogenannten Gestaltgesetze beschreiben die Ergebnisse der Wahrnehmung der Formen und ihre Beziehung zueinander.

Orientieren Sie sich in Ihrer Gestaltungsarbeit an den theoretischen Grundlagen der Gestaltgesetze. Die Kenntnis der Gestaltungsregeln und Gesetze erlaubt es Ihnen aber auch, sie gezielt zu verletzen. Erzielen Sie Aufmerksamkeit durch die Abweichung von der Norm. Nicht als Selbstzweck, sondern immer konzeptionell und gestalterisch begründet. Behalten Sie dabei Ihr Ziel, Ihren Aussagewunsch immer im Visier.

Formenwahrnehmung

Visuelle Reize werden immer in der jeweils einfachsten Form wahrgenommen.

Sie erkennen sicherlich zunächst ein Dreieck und ein Quadrat. Erst auf den zweiten Blick werden Sie die Grafik weiter analysieren und die verschieden angeschnittenen Kreise wahrnehmen und bewerten.

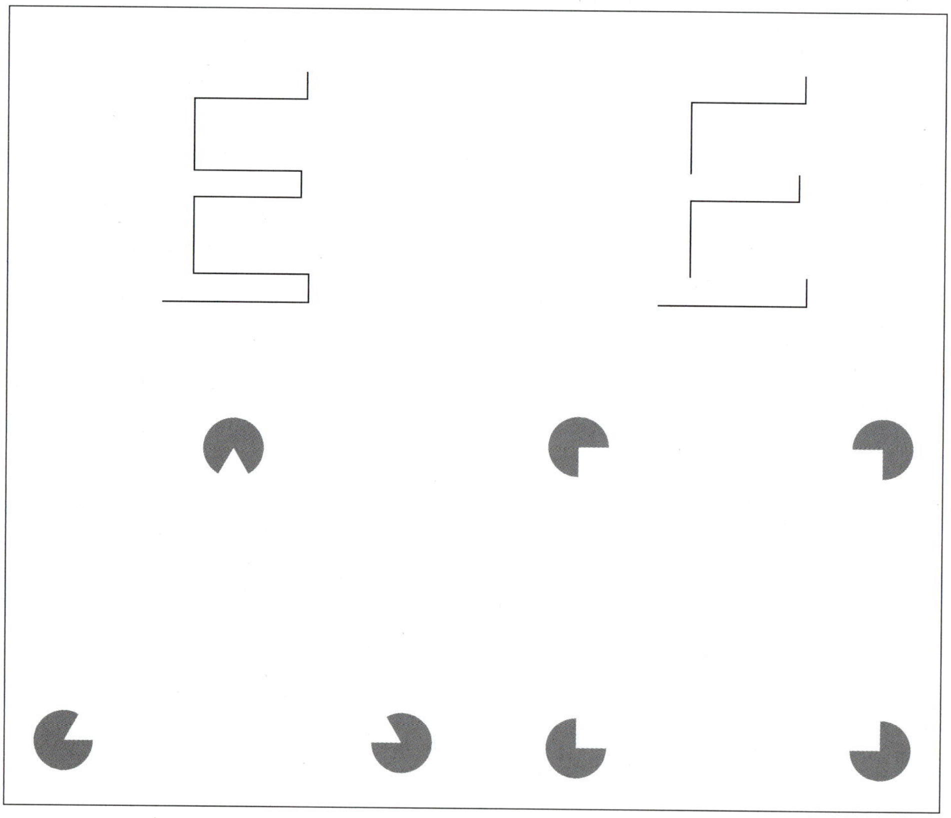

3.2 Gesetz von der einfachen Gestalt

Das Gesetz von der einfachen Gestalt wird oft auch als Gesetz von der guten Form bezeichnet. In der Gestaltpsychologie ist es das Grundgesetz der menschlichen Wahrnehmung. Die Wahrnehmung wird danach grundlegend auf die Bewegung und auf einfache geometrische Gestalten wie Kreise, Quadrate, Rechtecke und Dreiecke zurückgeführt. Kneifen Sie Ihre Augen etwas zu und betrachten Sie das Bild. Das Motiv reduziert sich auf die Grundformen. Die Wahrnehmung einfacher geometrischer Gestalten ist in uns Menschen durch die Evolution angelegt. So können Kinder schon im ersten Lebensjahr Quadrate, Kreise und Dreiecke unterscheiden.

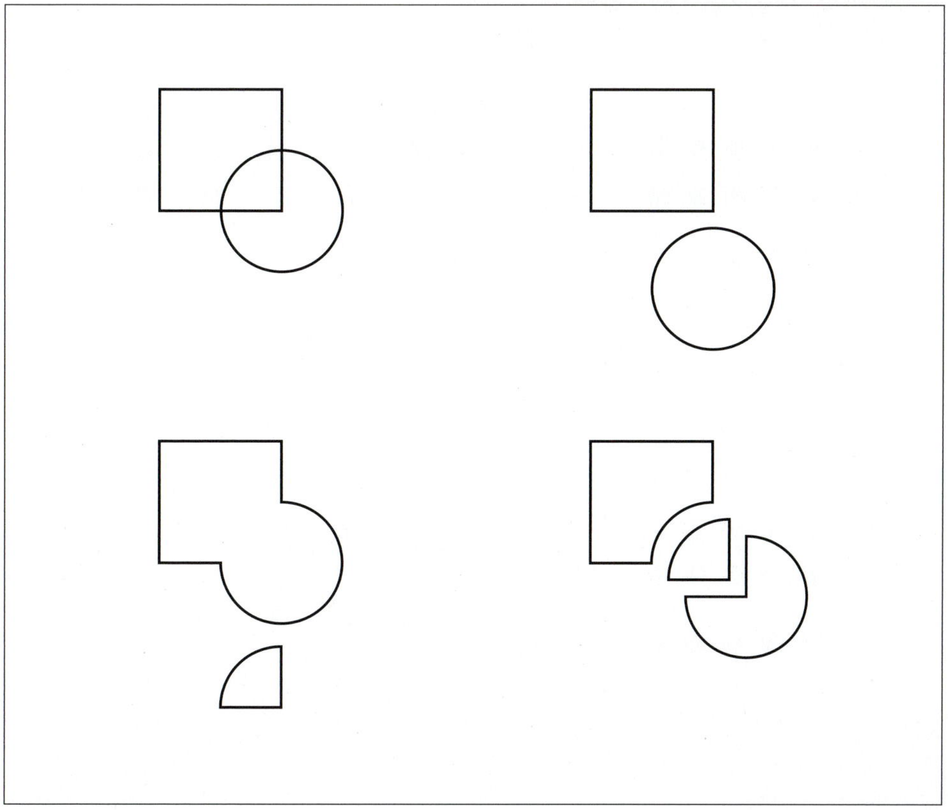

Formenwahrnehmung

Wahrscheinlich sehen Sie einen Kreis, der über einem Quadrat liegt. Die Interpretation der Reize führt aber je nach Erfahrung des Betrachters zu unterschiedlichen Ergebnissen.

3.3 Gesetz der Nähe

Nahe beieinander befindliche Elemente werden vom Betrachter als zu einer Gruppe zugehörig wahrgenommen. Die Grenze der Gruppe liegt dort, wo die Abstände größer werden.

In der Praxis der Mediengestaltung kommt dieses Gesetz vor allem bei der Gliederung und Strukturierung eines Formats zur Anwendung. So werden Sie verschiedene Menüpunkte, die zu einer Kategorie gehören, beim Design einer Internetseite jeweils in eigenen Menüs zusammenfassen. Inhaltlich zusammengehörige Texte und Bilder positionieren Sie auf der Seite mit einem geringeren Abstand zueinander als Seitenelemente mit verschiedenartigen Inhalten.

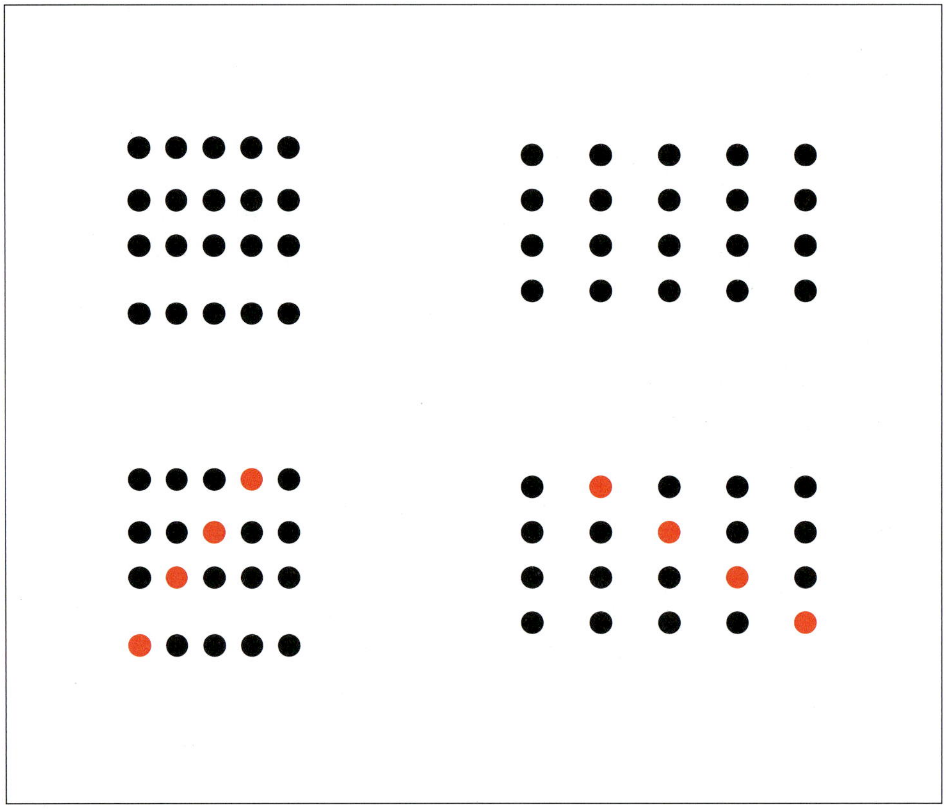

Gliederung durch Nähe

Die klare Strukturierung in waagrechte und senkrechte Reihen wird durch die Farbe teilweise wieder aufgehoben. Der farbige Punkt links unten ist so weit von den andern drei Punkten der farbigen Reihe entfernt, dass es schwerfällt, ihn direkt der Gruppe zuzuordnen.

3.4 Gesetz der Gleichheit

Das Gestaltgesetz der Gleichheit wird oft auch als Gesetz der Ähnlichkeit bezeichnet. Danach werden Elemente, die gemeinsame Unterscheidungsmerkmale zur Umgebung aufweisen, vom Betrachter als zusammengehörig wahrgenommen. Mehrere Merkmale, z. B. Form und Farbe, verstärken die Gruppenbildung. In den Grenzbereichen überwiegt das Gesetz der Gleichheit gegenüber dem der Nähe.

Die Navigation einer Website ist durchgängig aufgebaut. So gestalten Sie beispielsweise die Menüelemente des Mainlevels und des Sublevels jeweils einheitlich und gleichbleibend. Auch die Überschriften richten sich z. B. nach klaren Absatzformaten.

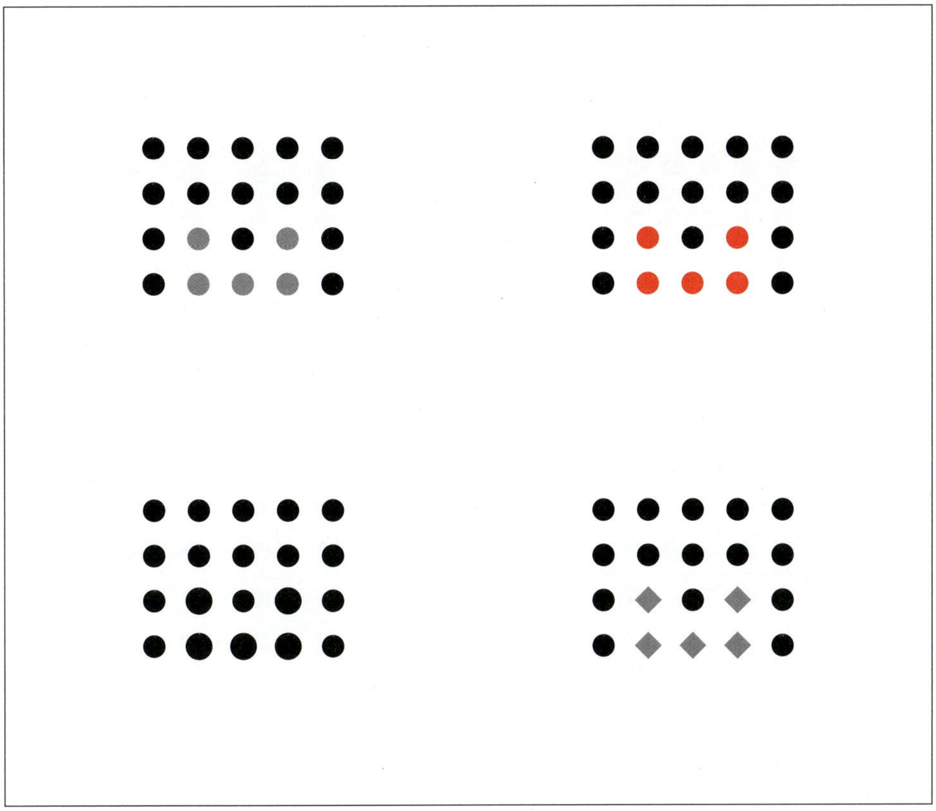

Gruppierung durch Gleichheit

Unterscheidungsmerkmale Tonwert, Farbe, Größe und Form. Welches Unterscheidungsmerkmal hat die stärkste Wirkung?

3.5 Gesetz der Geschlossenheit

Geschlossene Flächen, z. B. Rahmen, werden vom Betrachter als Einheit angesehen. Der Rahmen bildet durch seine Begrenzung das Wahrnehmungsfeld. Sie nehmen dadurch die Objekte als zusammengehörig wahr.

Kopf- und Fußlinien oder Kolumnentitel auf einer Seite sind Beispiele für die Anwendung des Gesetzes der Geschlossenheit. Auch die Rahmen um die Grafiken in diesem Kapitel dienen der Begrenzung und Abgrenzung der Fläche und weisen gleichzeitig den einzelnen grafischen Elementen ihren Platz zu. Auf vielen Internetseiten bilden der Titel oder ein Topmenü zusammen mit dem Menü auf der linken Seite einen Rahmen und geben der Seite damit Halt.

Gliederung durch Geschlossenheit

Die Abgrenzung durch einen Rahmen ist eindeutig. Sie wirkt deshalb stärker als die Gleichheit oder Nähe der Elemente.

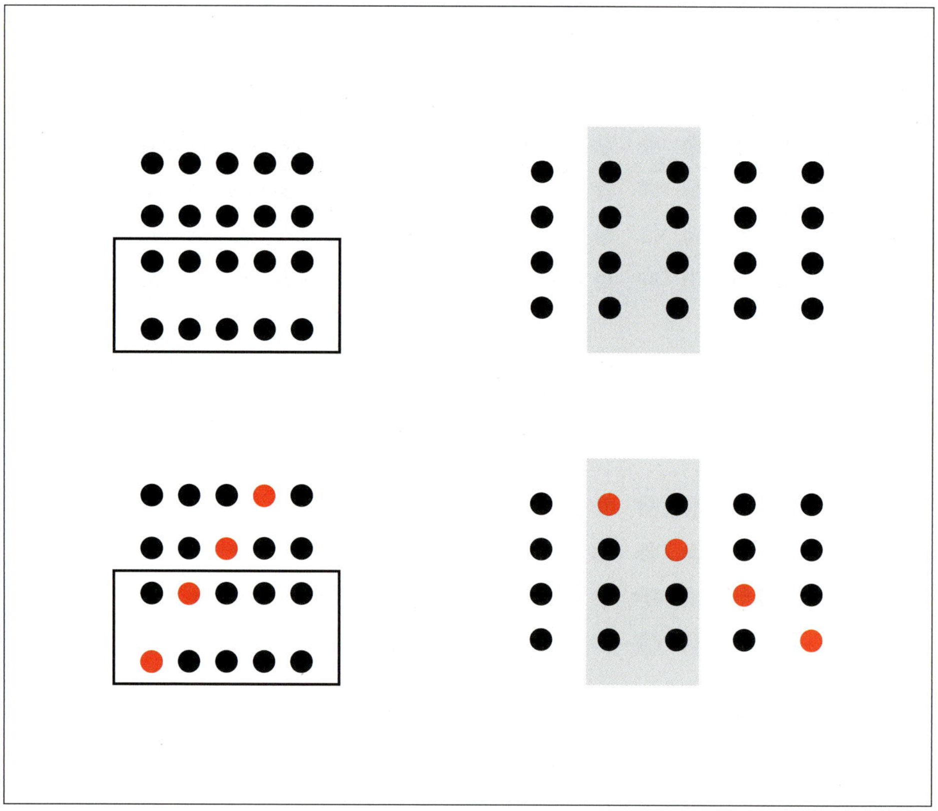

3.6 Gesetz der Erfahrung

Wahrnehmen ist auch Wiedererkennen. Wir können bekannte Formen, Zeichen oder Körper auch bei starker Transformation noch erkennen.

Nutzen Sie die Erfahrung der Internetnutzer bei der Gestaltung der Navigationselemente einer Website. Ein stilisiertes Briefkuvert steht für den Maillink, ein Icon mit einem Kreuz steht für Hilfe und das Haus führt Sie zurück auf die Startseite.

Sie können aber die Erfahrung des Betrachters auch nutzen, um ihn zu überraschen. Weichen Sie in der Gestaltung von der Norm ab. Sie erregen damit die Aufmerksamkeit des Betrachters. Aus Erfahrung erwartet er etwas anderes, ist überrascht und schaut hin.

Erkennen von Gesichtern

Ob von vorn, im Profil oder von der Seite, Sie erkennen auf einen Blick, dass es sich um ein und dasselbe Gesicht handelt.

Wahrnehmen der Struktur

Sie erkennen die Figur in allen Variationen, da durch die Transformation ihre Strukturinformation nicht verändert wurde.

3.7 Gesetz der Konstanz

Objekte werden vom Betrachter in ihrer Größe, Form und Farbe immer in ihrem Umfeld wahrgenommen. Die wahrgenommenen und die gesehenen Objekte können sich je nach Bewertung unterscheiden. Die Wahrnehmung von Objekten, die unterschiedlich gesehen, aber als gleich bewertet werden, nennt man konstant.

In der Gestaltung von Navigationselementen auf den einzelnen Seiten einer Website muss gewährleistet sein, dass der Nutzer ein konstantes Designkonzept erlebt. Was nutzt der schönste Link, wenn er immer an einer anderen Stelle auftaucht, immer anders aussieht oder im schlimmsten Fall gar nicht als Link erkannt wird?

Simultankontrast

Die beiden Balken haben den gleichen Tonwert. Durch das unterschiedliche Umfeld wirken sie aber unterschiedlich hell.

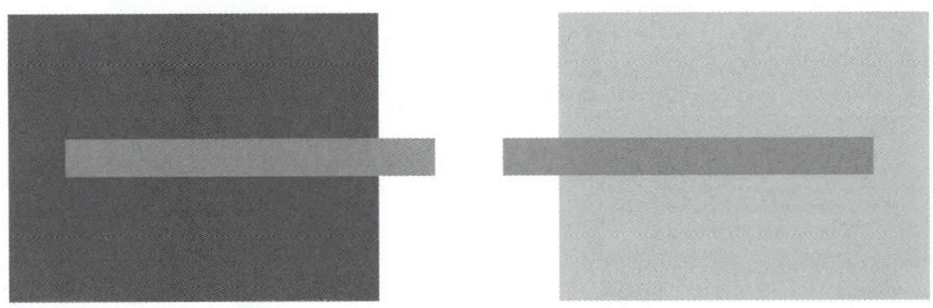

Größe ist relativ

Sind alle Quadrate gleich groß?
Sind beide Linien gleich lang?

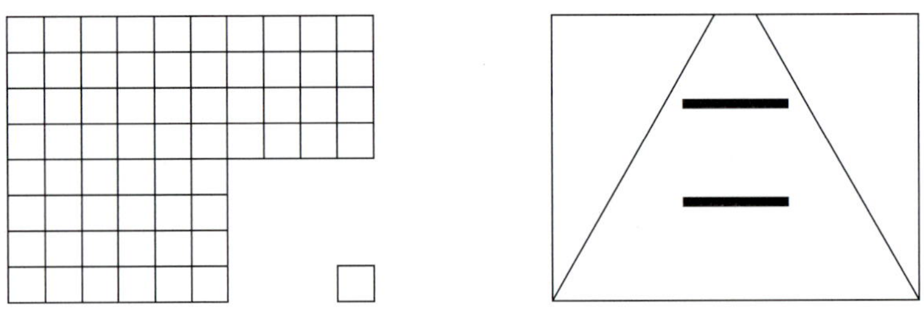

3.8 Gesetz der Figur-Grund-Trennung

Wahrnehmen ist nur möglich, wenn das Wahrnehmungsfeld in unterschiedliche Bereiche gegliedert ist. Das Objekt der Wahrnehmung muss sich vom Umfeld abheben, damit Sie es wahrnehmen können. Man nennt diese Aufteilung Figur-Grund-Trennung oder Segmentierung.

Die notwendige Inhomogenität unserer visuellen Wahrnehmungswelt entsteht durch Konturen, Kontraste, Texturen, Bewegungen und Farben, d. h. kein langweiliges Ton-in-Ton, sondern eine klar strukturierte Gestaltung Ihrer Seiten. Die Inhalte heben sich vom Hintergrund ab und sind deutlich erkennbar. Dies bedeutet aber auch nicht nur Inhalt, sondern eben auch Weißraum.

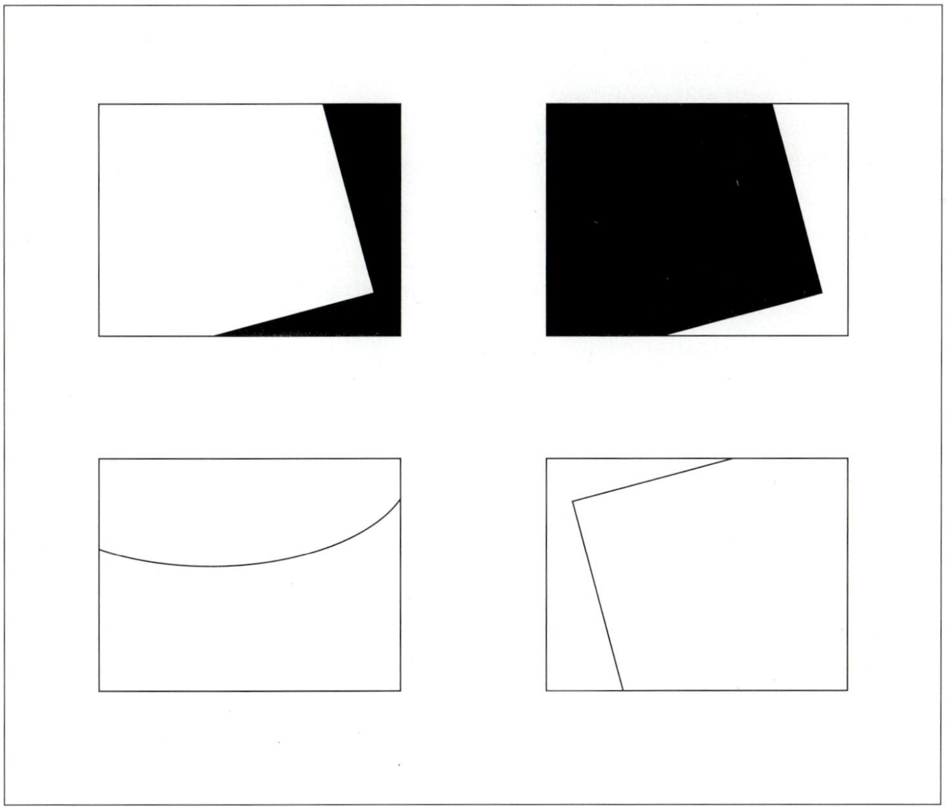

Flächenaufteilung in Form und Grund

Für die Form-Grund-Beziehung ist immer die trennende Linie verantwortlich. Sie bildet den eingeschlossenen Raum, die Figur, und den ausgeschlossenen Raum, den Hintergrund. Die Ton- und Farbwerte der Flächen sind dabei sekundär.

3.9 Aufgaben

1 Gestaltgesetze kennen

Die Gestaltgesetze vom Beginn des 20. Jahrhunderts bestimmen auch heute noch wesentlich unsere Vorstellung der Wahrnehmung.
Erläutern Sie den grundlegenden gemeinsamen Gegenstand aller Gestaltgesetze.

2 Gesetz von der einfachen Gestalt begründen

Begründen Sie die folgende These:
Das Gesetz von der einfachen Gestalt wird häufig als das Grundgesetz der menschlichen Wahrnehmung bezeichnet.

3 Navigationselemente einer Website auf die Gestaltgesetze beziehen

a. Auf welchem Gestaltgesetz beruht die Gestaltung von Icons zur Navigation in einer Website hauptsächlich?
b. Welches Gestaltgesetz bildet die Grundlage für die Gliederung und die Platzierung von Menüs in Digitalmedien?

a.

b.

4 Gestaltgesetze visualisieren

Visualisieren Sie durch einfache grafische Elemente das Gestaltgesetz der Nähe.

5 Gestaltgesetze visualisieren

Visualisieren Sie durch einfache grafische Elemente das Gestaltgesetz der Figur-Grund-Trennung.

6 Überschriftenhierarchie auf die Gestaltgesetze beziehen

Begründen Sie anhand der Gestaltgesetze, warum Überschriften einer Hierarchieebene in einem Medienprodukt typografisch immer gleich formatiert sein sollten.

7 Erkennen der Gestaltgesetze in der Gestaltungsanalyse

a. Analysieren Sie den Screenshot hinsichtlich der Anwendung der Gestaltgesetze.
b. Markieren und benennen Sie die verschiedenen Bereiche.

4.1 Vakatfläche – Platz für Ideen

Kreativ sein, etwas schaffen, anderen etwas mitteilen, mit verschiedenen Medien arbeiten – toll!

Aber wer kennt nicht die Angst des Künstlers vor der weißen Leinwand – der erste Strich ist der schwerste. Alle, die gestalten, stehen immer wieder vor dem gleichen Problem: Wie fange ich an? Es gibt keine Patentlösung, aber Gestaltungskompetenz hilft. Gestaltung kann man nicht aus Büchern lernen. Eigenes Tun und Erleben ist notwendig. In diesem Kapitel werden verschiedene Grundregeln mit den Grundelementen der visuellen Gestaltung, Punkt, Linie, Form, Fläche, an Beispielen vorgestellt. Die Aufgaben ermöglichen einen ersten Einstieg in die Erarbeitung.

4.2 Format

Die Fläche Ihrer Gestaltung hat immer ein bestimmtes Format, das sich aus dem Seitenverhältnis von Breite und Höhe der Fläche ergibt.

In den Digitalmedien, bedingt durch das Monitor- bzw. Displayformat, ist es meist ein Querformat, in den Printmedien üblicherweise ein Hochformat. Das Seitenverhältnis und die Aufteilung der Fläche folgen, je nach Vorgabe, Proportionsregeln oder Designvorgaben wie das Layout einer Zeitschrift oder einem Styleguide, der das Corporate Design definiert. Oft haben Sie aber auch die freie Qual der Wahl bei der Festlegung des idealen Formats für Ihre Mediengestaltung.

Sogenannte Polaritätsprofile können Ihnen bei der Formatwahl helfen. Natürlich entspricht das Profil dem subjektiven Empfinden des Betrachters. Wenn Sie aber mehrere Personen jeweils ein Profil für ein bestimmtes Format erstellen lassen, dann ergibt sich meist ein eindeutiges übereinstimmendes Ergebnis.

	2	1	0	1	2	
gespannt						entspannt
dynamisch						statisch
eng						weit
jung						alt
aktiv						passiv
modern						altmodisch
gefangen						frei
fröhlich						traurig
stehend						liegend
ruhig						unruhig
voll						leer
klein						groß

Polaritätsprofil

zur Beurteilung verschiedener Formate

	2	1	0	1	2	
gespannt				x		entspannt
dynamisch		x				statisch
eng	x					weit
jung			x			alt
aktiv		x				passiv
modern				x		altmodisch
gefangen				x		frei
fröhlich		x				traurig
stehend	x					liegend
ruhig		x				unruhig
voll				x		leer
klein				x		groß

	2	1	0	1	2	
gespannt					x	entspannt
dynamisch				x		statisch
eng				x		weit
jung				x		alt
aktiv			x			passiv
modern				x		altmodisch
gefangen				x		frei
fröhlich		x				traurig
stehend					x	liegend
ruhig		x				unruhig
voll				x		leer
klein				x		groß

	2	1	0	1	2	
gespannt			x			entspannt
dynamisch			x			statisch
eng			x			weit
jung				x		alt
aktiv		x				passiv
modern		x				altmodisch
gefangen			x			frei
fröhlich			x			traurig
stehend			x			liegend
ruhig		x				unruhig
voll			x			leer
klein			x			groß

4.3 Gleichgewicht

„Aus dunkler Pappe schneiden wir eine kreisrunde Scheibe und legen sie auf ein weißes Quadrat“, so beginnt Rudolf Arnheim sein Buch „Kunst und Sehen – Eine Psychologie des schöpferischen Auges“.

Wenn Sie diese Übung machen und das Ergebnis betrachten, werden Sie vermutlich erkennen, dass Ihr Kreis nicht genau in der Mitte des Quadrats liegt, sondern vermutlich etwas oberhalb der geometrischen Mitte. Man nennt diese Positionierung optische Mitte. Sie haben automatisch im Sinne der Gestaltgesetze eine Beziehung zwischen dem Kreis und dem Quadrat als Gesamtfigur hergestellt.

Versuchen Sie die Gesamtfigur, Punkt und Quadrat, im Gleichgewicht zueinander anzuordnen.

Machen Sie diese Übung anschließend mit demselben Kreis mit einem rechteckigen Format.

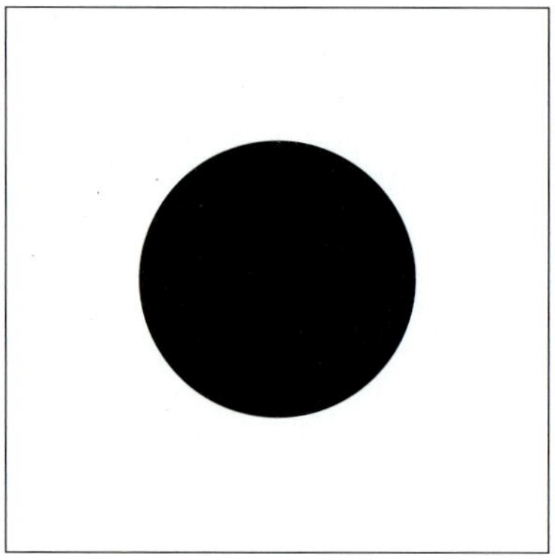

Geometrische Mitte – optische Mitte

Die stabilste Lage ergibt sich, wenn die Mittelpunkte des quadratischen Formats und des Punkts deckungsgleich übereinander liegen. Optisch erscheint der Punkt aber leicht nach unten versetzt. Harmonischer wäre die optische Mitte, bei der das Objekt etwas nach oben verschoben ist.

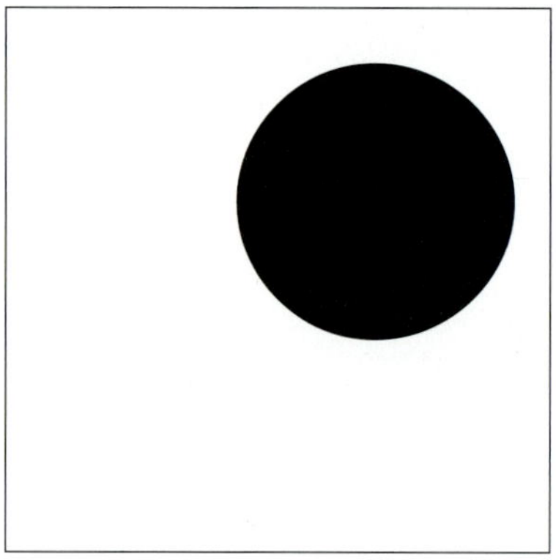

Außerhalb der Mitte

Der Punkt strebt zum rechten Rand des Quadrats.

Diese Aussage ist natürlich nur eine Interpretation unserer Wahrnehmung. Sie ergibt sich aus der optischen Wechselbeziehung zwischen dem Punkt und dem Quadrat als Strukturelement der gesamten Figur.

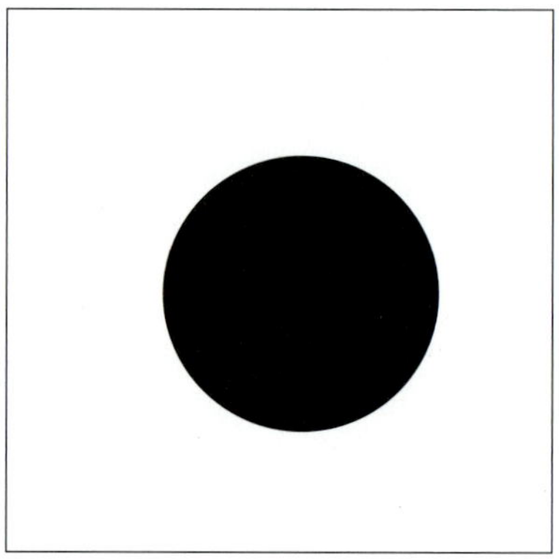

Knapp daneben

Die Wahrnehmung ist irritierend und indifferent. Etwas, was Sie in Ihrer Gestaltung tunlichst vermeiden sollten. Ebenso wie Ihr Aussagewunsch sollte auch die Umsetzung Ihrer Gestaltung eindeutig sein.

4.4 Gewichtung

Das Wahrnehmungsgewicht eines grafischen oder typografischen Seitenelementes bzw. eines Bildteils wirkt immer im Zusammenspiel mit dem Format und dem Gewicht der anderen Seitenelemente. Mit welchem Gewicht Sie die verschiedenen Elemente wahrnehmen, hängt von verschiedenen Faktoren wie Größe, Farbe oder Position der Seitenelemente ab.

Alle Faktoren wirken bei der Gestaltung. Setzen Sie in Ihrer Gestaltung den Schwerpunkt auf die Wirkung eines Faktors. Ihre Gestaltung wirkt sonst leicht unruhig und beliebig.

Abhängig davon, wie Sie die Gewichte austarieren, erzeugen die verschiedenen Elemente ein harmonisches Gleichgewicht, Langeweile oder Dynamik.

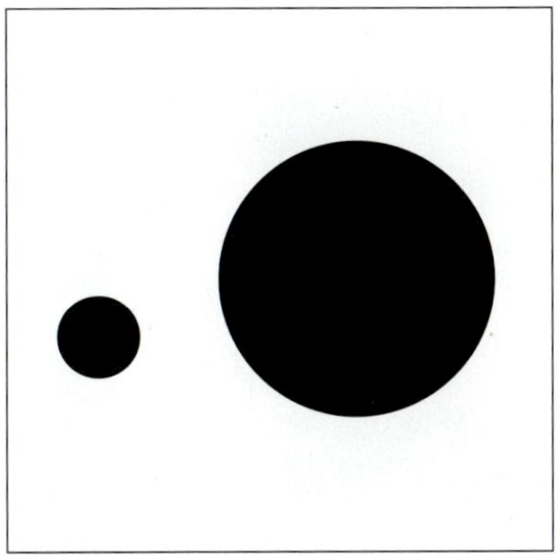

Größe
Das größere Objekt hat, wenn sonst alle Faktoren gleich sind, das größere Gewicht.

Farbe
Das Gewicht einzelner Farben ist nicht absolut definiert. Allgemein gilt aber, dass warme Farben wie Rot, Orange oder Gelb schwerer wiegen als kalte Farben wie Blau oder Türkis.

Helligkeit
Klein, aber intensiv. Die helle Fläche muss deutlich größer sein, um die Farbkraft der kleineren Fläche auszugleichen.

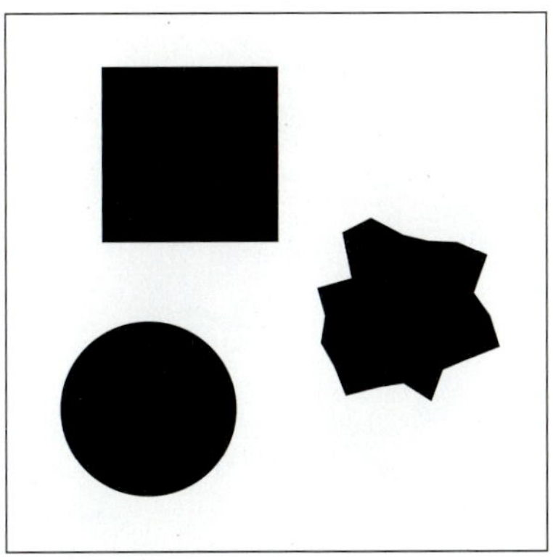

Form
Geometrisch klare Formen wirken schwerer als unregelmäßige Formen.

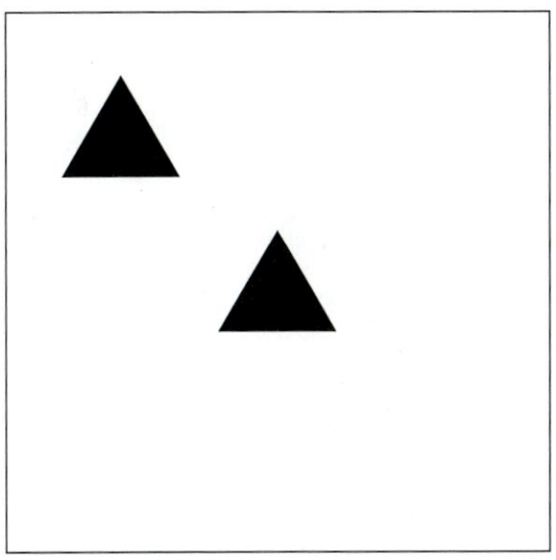

Lage im Format
Das Gewicht eines Elements nimmt mit dem Abstand zum Formatmittelpunkt zu.

Wissen und Interesse
Die Gewichtung wird maßgeblich durch die Interessenlage des Betrachters bestimmt.

4.5 Richtung

Die bei uns übliche Leserichtung ist von links nach rechts und von oben nach unten. Eine Ausrichtung von links unten nach rechts oben wird allgemein als aufsteigend empfunden, von links oben nach rechts unten gilt als absteigend.

In der Gestaltung wird die Richtung nicht nur durch die beschriebene Konvention, sondern durch weitere Faktoren bestimmt. Die Anziehungskraft des Wahrnehmungsgewichtes benachbarter Elemente führt den Betrachter in eine bestimmte Richtung. Außerdem wird die Richtung durch die Form und vor allem auch durch den Inhalt bestimmt.

Die Blickrichtung eines Menschen in einem Bild lenkt auch Ihren Blick in diese Richtung. Bewegungen im Bild geben die Richtung an.

Steigung

Von links unten nach rechts oben bedeutet ansteigend.

Gefälle

Von links oben nach rechts unten bedeutet absteigend.

Perspektive

Die extreme Bildperspektive weist uns als Betrachter eine eindeutige Position zu. Wir blicken aus der Froschperspektive empor zum Himmel.

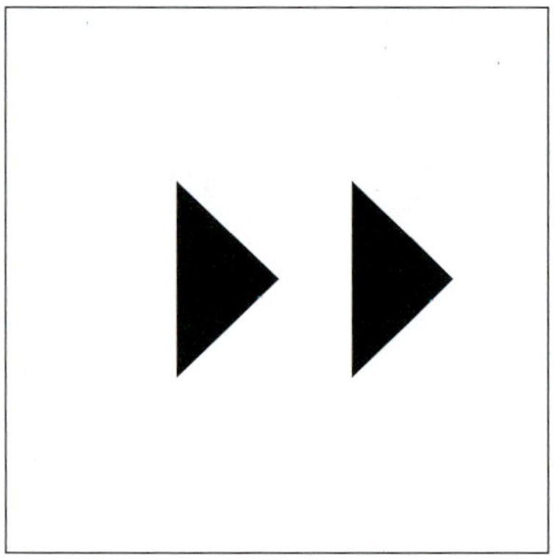

Form

Die beiden Dreiecke zeigen eindeutig nach rechts. Die Richtungsweisung wird durch die seitliche Verschiebung nach rechts noch verstärkt.

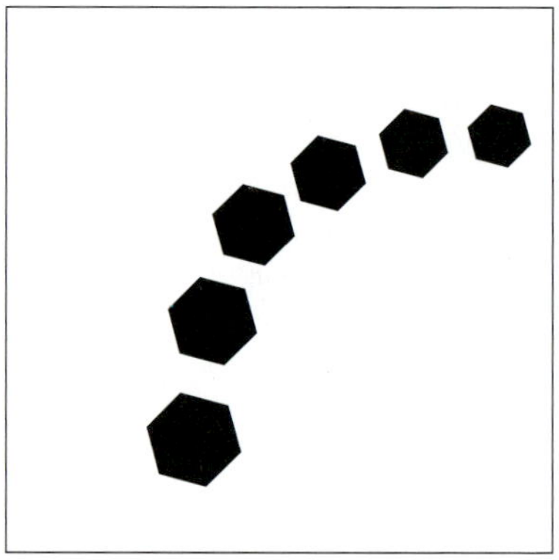

Größe und Lage im Format

Die Reihe führt nach links unten, oder doch nach rechts oben? Es ist schwierig, sich gegen die übliche Wahrnehmungsrichtung zu stellen.

Inhalt

Die Lok fährt auf Sie zu – Vorsicht an der Bahnsteigkante.
Hier ist der Inhalt bedeutender als die allgemein übliche Richtung.

4.6 Dynamik, Spannung, Bewegung

Außer bei Animationen in Digitalmedien sind die Seitenelemente immer unbeweglich. Trotzdem ist es möglich, dass Ihre Gestaltung dynamisch wirkt. Die Dynamik der Gestaltung entsteht durch ein bewusstes Ungleichgewicht. Formen, die von der harmonischen Grundform abweichen, wirken dynamischer. So erzeugt ein überspitztes Dreieck die gerichtete Spannung, die dem gleichseitigen Dreieck fehlt.

Die Spannung entsteht im Zusammenhang der Gesamtgestaltung. Alle Elemente müssen Teil des dynamischen Konzeptes sein. Dies lässt sich z. B. durch eine generelle Ausrichtung bzw. Sichtweise erreichen. Die Schräge ist sicherlich eine einfache Möglichkeit, eine gerichtete Spannung zu erzeugen. Vertikale und horizontale Strukturen wirken allgemein eher statisch.

Eine weitere Möglichkeit, Bewegung zu visualisieren, ist die Anordnung der Elemente in einer bestimmten rhythmischen Abfolge. Größen, Formen, Abstände weisen gesetzmäßige Proportionen auf. Sie bilden rhythmische Reihen, sogenannte Progressionen.

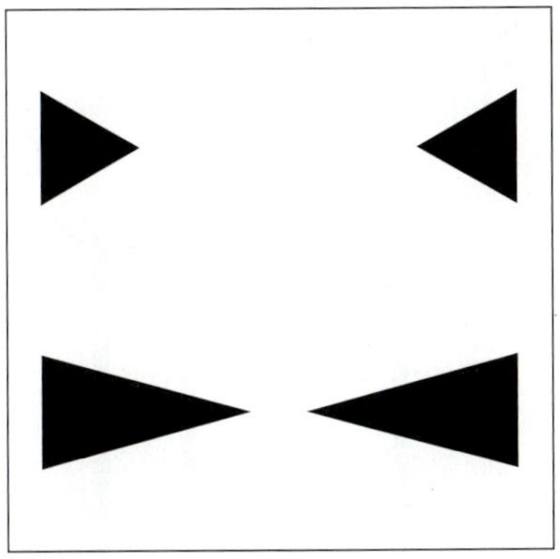

Form

Die Abweichung von der harmonischen Grundform erzeugt Spannung. Die beiden unteren Dreiecke stehen offensichtlich in einer spannungsvollen Beziehung zueinander. Bei den beiden oberen gleichseitigen Dreiecken ist die Bewegung nicht eindeutig. Einerseits sind sie aufeinander gerichtet, andererseits scheinen sie aber auch nach links und rechts oben zu streben.

Ausrichtung

Die horizontale und vertikale Ausrichtung der Flügel vermittelt die Anmutung des Stillstands, der Windstille.

Schräg stehende Windmühlenflügel wirken dynamischer.

Progression

Durch die Verkürzung der Linien und der gleichzeitigen Verringerung des Abstands zwischen den Linien entsteht eine räumliche Wirkung. Der Weg scheint in die Tiefe des Raums zu führen.

4.7 Symmetrie – Asymmetrie

Begriff Symmetrie bedeutet laut Duden:

1. Gleich- oder Ebenmaß; die harmonische Anordnung mehrerer Teile zueinander; Gegensatz Asymmetrie.
2. Spiegelungsgleichheit; Eigenschaft von Figuren, Körpern o. Ä., die beiderseits einer [gedachten] Mittelachse ein jeweils spiegelgleiches Bild ergeben; Gegensatz Asymmetrie.
3. die wechselseitige Entsprechung von Teilen in Bezug auf Größe, die Form oder die Anordnung.

Symmetrie und Asymmetrie begegnen uns in der Gestaltung auf jeder Seite. Sie müssen sich immer für eine von beiden Anordnungen als Hauptgestaltungslinie entscheiden. Text ist links- oder rechtbündig oder als Mittelachsen- oder Blocksatz gesetzt. Die Zahl der Spalten im Satzspiegel ist gerade oder ungerade. Auch in der Bildgestaltung müssen Sie sich zwischen einem symmetrischen und einem asymmetrischen Bildaufbau entscheiden. Internetseiten sind meist asymmetrisch aufgebaut. Dies ergibt sich aus der heute üblichen Anordnung der einzelnen Seitenbereiche wie Menüs und Content-Bereich.

Die Gestaltung nach den Regeln der Symmetrie ist klar und eindeutig, aber auch streng und manchmal statisch und einfallslos.

Für die Asymmetrie gibt es keine Vorgaben. Sie können frei und ohne Zwang gestalten. Überlassen Sie die Anordnung der Elemente den Kräften der Gestaltung.

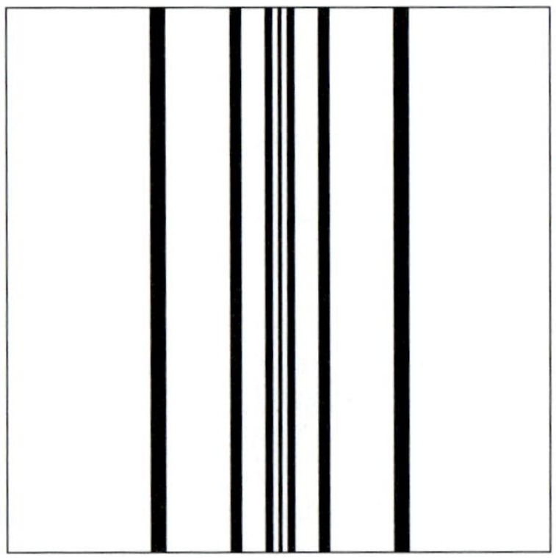

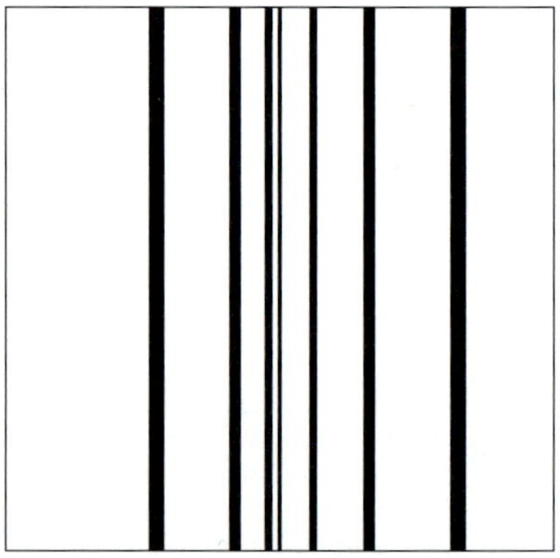

Symmetrie und Asymmetrie

Links: symmetrische Anordnung der Gestaltungs- und Bildelemente

Mitte: Zwei diagonale Symmetrieachsen ordnen die Elemente zu einer übergeordneten Form.

Rechts: asymmetrische Anordnung der Gestaltungs- und Bildelemente

4.8 Umfeld

Gestaltungselemente haben immer ein Umfeld, in dem sie wahrgenommen werden. Es gibt kein „Nichts" als Umfeld. Auch die vermeintlich leere Fläche wirkt auf den Betrachter. In der Typografie spricht man von Weißraum.

Das Weiß des Papiers oder der farbige Hintergrund sind gleichberechtigt mit den Gestaltungselementen. Die Figur-Grund-Trennung der Gestaltgesetze erklärt die Abhängigkeit unserer Wahrnehmung vom Umfeld.

Vase oder Köpfe?

Beides ist möglich, da Figur und Grund gleichwertig sind und dadurch nicht eindeutig zuzuordnen sind.

Die klassische Kippfigur, in ähnlicher Form erstmals 1915 von dem Psychologen Edgar Rubin veröffentlicht.

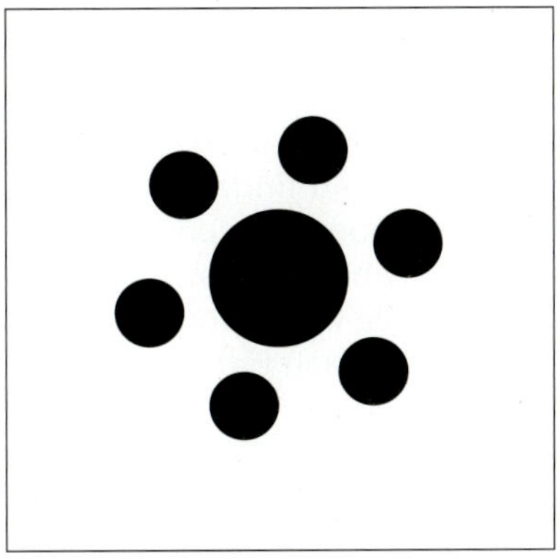

Größe ist relativ!

Messen Sie den Durchmesser des Punkts in der Mitte und vergleichen Sie ihn mit dem mittleren Punkt in der rechten Grafik.

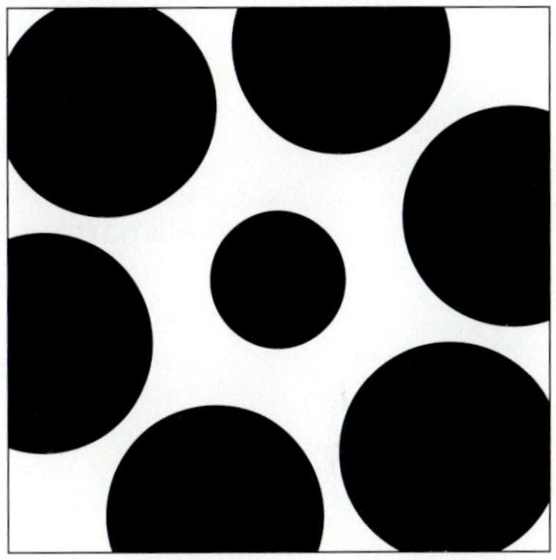

Größe ist relativ!

Messen Sie den Durchmesser des Punkts in der Mitte und vergleichen Sie ihn mit dem mittleren Punkt in der linken Grafik.

Ausblick und Einblick

Licht und Transparenz, ein Gebäude der öffentlichen Verwaltung, die Philosophie der Architektur im Bild.

Helligkeit ist relativ!

Hat das innere Quadrat den gleichen Tonwert wie in der rechten Grafik? Lassen Sie sich durch den Simultan- oder Umfeldkontrast nicht verwirren. Decken Sie den Rahmen mit einer Maske ab und bewerten Sie die Tonwerte noch einmal.

Helligkeit ist relativ!

Hat das innere Quadrat den gleichen Tonwert wie in der linken Grafik? Lassen Sie sich durch den Simultan- oder Umfeldkontrast nicht verwirren. Decken Sie den Rahmen mit einer Maske ab und bewerten Sie die Tonwerte noch einmal.

4.9 Unterteilung und Struktur

Durch die Unterteilung und Strukturierung gliedern wir das Umfeld. Die Aufteilung kann frei nach dem gestalterischen Empfinden erfolgen oder sich an bestimmten mathematischen Proportionsregeln orientieren.

4.9.1 Goldener Schnitt

Die Regeln des Goldenen Schnitts sind nur eine der vielfältigen Proportionsgesetze. Der Goldene Schnitt findet sich als harmonische Proportion in vielen Bau- und Kunstwerken, aber auch in der Natur. Er erfüllt für die Mehrzahl der Betrachter die Forderung nach Harmonie und Ästhetik bei der Gliederung von Gebäuden, Objekten und Flächen.

Die Proportionsregel des Goldenen Schnitts lautet: Das Verhältnis des kleineren Teils zum größeren ist wie der größere Teil zur Gesamtlänge der zu teilenden Strecke.

Goldener Schnitt
Verhältniszahl: 1,61803...
Reihe: 3 : 5; 5 : 8; 8: 13; 13 : 21 ...

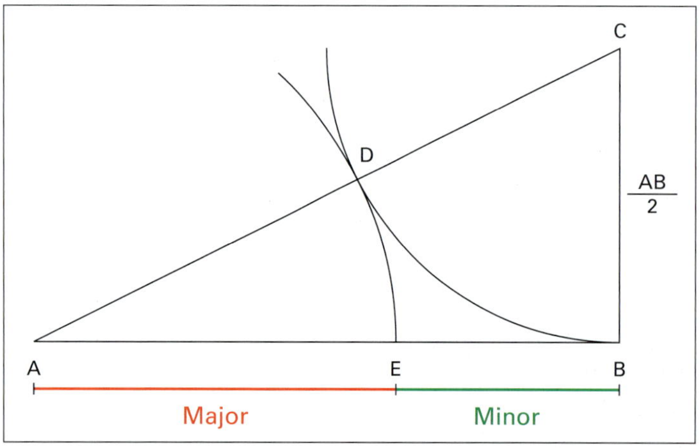

Konstruktion

Die Strecke $\overline{AB}$ soll im Verhältnis des Goldenen Schnitts geteilt werden.

1. Zeichnen Sie die Gerade $\overline{AB}$.
2. Errichten Sie im Punkt B eine Senkrechte mit der halben Länge von $\overline{AB}$.
3. Schließen Sie das rechtwinklige Dreieck mit einer Geraden.
4. Schlagen Sie jetzt einen Kreisbogen um den Punkt C mit dem Radius $\overline{BC}$, der die Strecke $\overline{AC}$ im Punkt D schneidet.
5. Zum Schluss schlagen Sie einen Kreisbogen mit dem Radius $\overline{AD}$ um den Punkt A. Der Schnittpunkt E auf der Geraden $\overline{AB}$ teilt diese in zwei Teilstücke. Das Verhältnis der Strecken $\overline{AE}$ und $\overline{BE}$ entspricht dem Goldenen Schnitt.

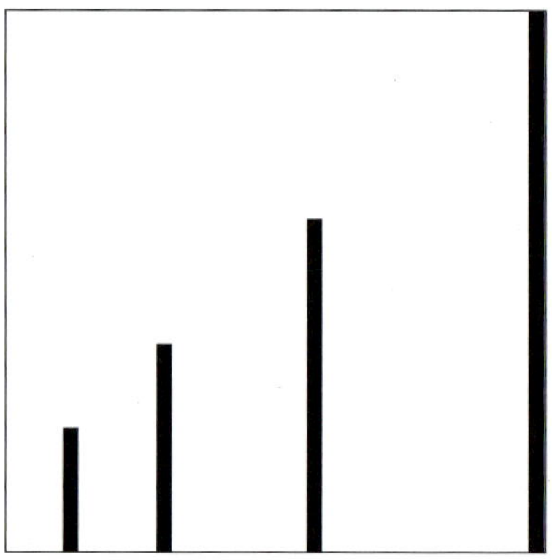

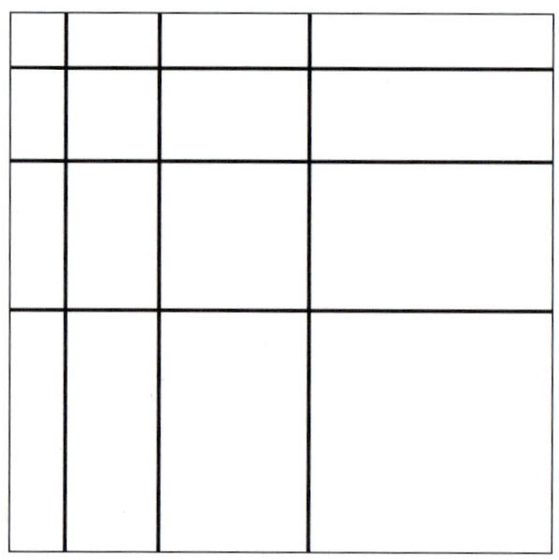

4.9.2 Arithmetische Folge/Reihe

Die arithmetische Folge ist eine Zahlenfolge, bei der die Differenz zwischen den einzelnen Zahlen der Folge immer gleich ist.

Die Abstände zwischen einzelnen Elementen sind immer gleich groß. Tonwertabstufungen haben eine feste gleichbleibende Schrittweite.

Arithmetische Folge/Reihe

$a;\ a + d;\ a + 2d;\ a + 3d;\ z = a + (n-1)d$

a: Anfangsglied
d: Differenz
z: letztes Glied
n: Anzahl der Glieder
q: Quotient

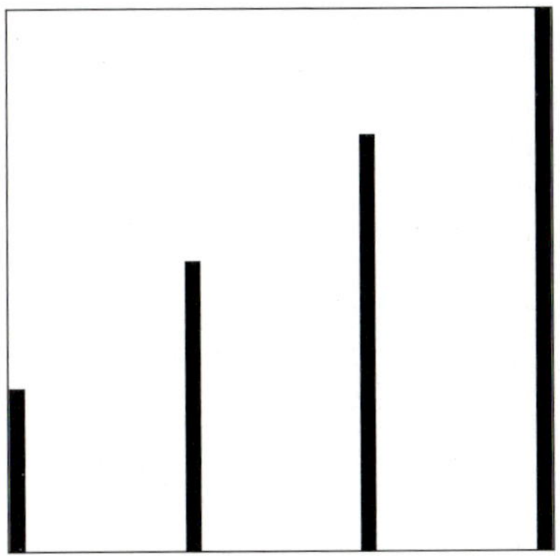

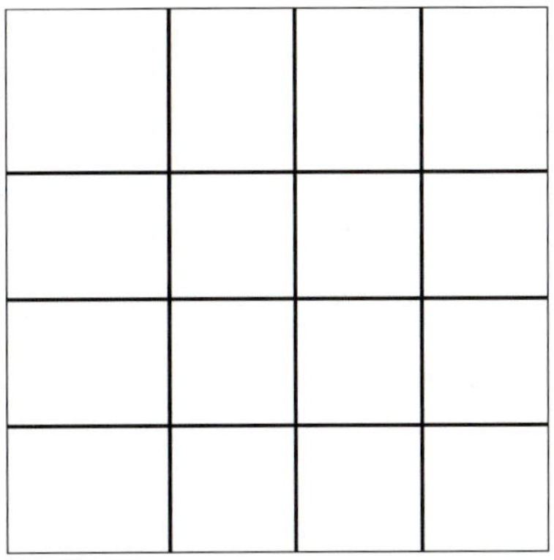

4.9.3 Geometrische Folge/Reihe

Eine geometrische Folge von Zahlen, bei der der Quotient zweier aufeinander folgender Zahlen immer gleich groß ist.

Bei der geometrischen Reihe werden die Glieder der Folge aufsummiert.

Geometrische Folge/Reihe

$a;\ a \times q;\ a \times q^2;\ a \times q^3;\ z = a \times q^{n-1}$

$a + a \times q + a \times q^2 + \ldots + z = a \times q^{n-1}$

Die Kurzzeichen sind dieselben wie bei der arithmetischen Folge

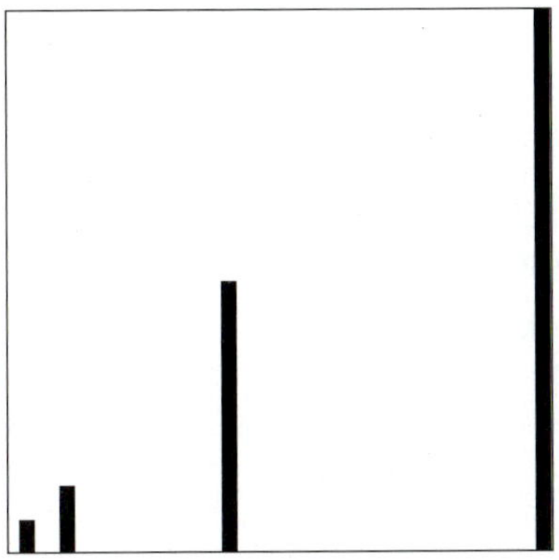

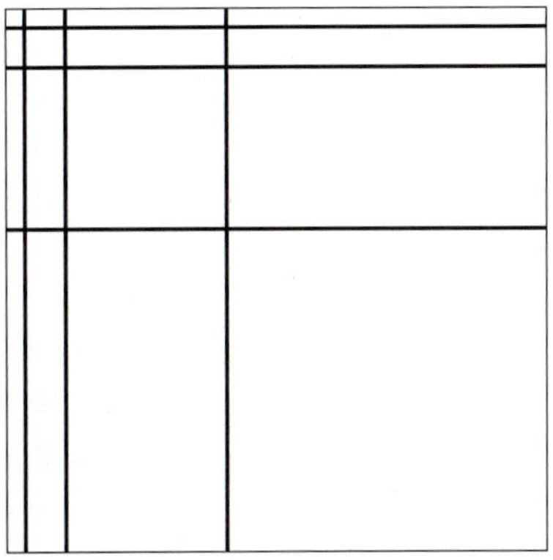

4.10 Aufgaben

1 Optisches Gleichgewicht visualisieren

Visualisieren Sie durch einfache grafische Elemente:

a. ein optisches Gleichgewicht

b. ein optisches Ungleichgewicht

2 Faktoren des optischen Gleichgewichts kennen

Nennen Sie vier Gestaltungsfaktoren, die das optische Gewicht von Elementen bei einer Flächengestaltung durch Flächen und Schrift bestimmen.

1.

2.

3.

4.

3 Richtungen visualisieren

Visualisieren Sie:

a. aufsteigend

b. absteigend

4 Richtungen visualisieren

Begründen Sie Ihre Lösungen aus Aufgabe 3.

a.

b.

5 Bewegung visualisieren

Visualisieren Sie mit einfachen grafischen Elementen eine Bewegung.

6 Optische und geometrische Mitte erklären

Erklären Sie den Unterschied zwischen optischer und geometrischer Mitte.

7 Regel des Goldenen Schnitts benennen

Wie lautet die Proportionsregel des Goldenen Schnitts?

8 Goldener Schnitt visualisieren

Teilen Sie das Format durch eine senkrechte und eine waagrechte Linie im Verhältnis des Goldenen Schnitts.

9 Regel der geometrischen Folge kennen

Wie heißt die allgemeine mathematische Form einer geometrischen Folge?

10 Arithmetische Folge visualisieren

Visualisieren Sie eine arithmetische Folge.

5.1 Geschichte der Perspektive

Prähistorische Höhlenmalerei

Seit es bildliche Darstellungen gibt, sind die Künstler bestrebt, einen dreidimensionalen Raum auf einer zweidimensionalen Fläche abzubilden. Im alten Ägypten wurden die Motive flächig dargestellt. Die Künstler versuchten die Räumlichkeit durch die Überlagerung der Personen und Objekte zu erzielen. Bildbereiche, die vollständig sichtbar sind, liegen vorne, teilweise verdeckte Bereiche scheinen vom Betrachter weiter entfernt zu sein.

Altägyptische Wandmalerei

Die Künstler der griechischen und der römischen Antike leiteten Regeln für die räumliche Darstellung aus der genauen Beobachtung der Natur ab. Vergleichen Sie die beiden Fresken aus Pompeji mit der ägyptischen Wandmalerei. Die Gewänder haben einen Faltenwurf, Licht und Schatten verleihen den Personen und Objekten einen Körper. Auch die perspektivische Verkleinerung entfernter Bildteile und die Darstellung der Kreisform als Ellipse mit der sich abhängig vom Beobachtungswinkel verändernden Form folgen den Regeln der perspektivischen Konstruktion.

Fresko aus Pompeji

Fresko aus Pompeji

Der griechische Mathematiker und Philosoph Euklid (um 300 v. Chr.) begründete nicht nur die Geometrie, sondern erkannte und postulierte auch die Grundregel, dass Gegenstände mit zunehmender Entfernung kleiner wirken.

Parallelen fluchten in einem Punkt.

Im ersten vorchristlichen Jahrhundert führte der römische Architekt Vitruv die Theorien von Euklid weiter und legte damit die Grundlagen zur perspektivischen Konstruktion. Vitruv erkannte, dass sich alle untereinander parallelen Linien in einem Punkt treffen.

Im Mittelalter waren die Erkenntnisse zur Perspektive wieder verloren gegangen. Natürlich wollten auch die Künstler des Mittelalters in ihren Bildern eine räumliche Wirkung erzielen. Sie nutzten die Wirkung der Überlagerung und unterstützten diese Wirkung durch die räumliche Darstellung von Gebäuden in freier Perspektive wie die Buchmalerei *Anbetung der Könige* aus dem späten 14. Jahrhundert zeigt. Die gestaffelte Anordnung schafft räumliche Tiefe und erklärt dem Betrachter gleichzeitig die Wertigkeit der dargestellten Personen. Die Gebäude und Gegenstände wurden in dieser freien Perspektive ohne Beachtung der Regeln der linearen Perspektive gemalt. Sie erscheinen uns deshalb heute seltsam verschoben. Ein anschauliches Beispiel hierfür ist der Ausschnitt eines Altarflügels aus dem Jahre 1398.

Anbetung der Könige, 14. Jahrhundert

Altarflügel, 1398

In den folgenden Jahren entwickelte sich die räumlich perspektivische Darstellung in der Malerei rasant weiter. So hat Fra Angelico den Zusammenhang zwischen Entfernung und Größe der Objekte in seinem Gemälde *Verkündigung an Maria* (1430) schon realisiert. Er malte die Säulen, die das Sternengewölbe tragen, nach hinten kürzer und schmäler. Allerdings hat er die Perspektive nicht konsequent konstruiert, sondern frei und intuitiv umgesetzt. Am deutlichsten zeigt sich dies an der Bank im hinteren Raum des Gebäudes. Es ging dem Künstler wohl nur um die zusätzliche Verstärkung der Raumwirkung durch den Einblick in ein Zimmer des Gebäudes.

Verkündigung an Maria, Fra Angelico, 1430

Der italienische Architekt Leone Batista Alberti (1404–1472) hat 1435 mit *De pictura* als erster Autor der Neuzeit ein Buch über die Konstruktion von Zeichnungen in der Perspektive verfasst. In der Renaissance wurde die perspektivische Konstruktion vollendet umgesetzt. Ein Beispiel für die häufig eingesetzte Zentralperspektive ist das auf dieser Seite rechts oben abgebildete Gemälde *Verleumdung* (um 1495) von Sandro Botticelli.
Leonardo da Vinci (1452–1519), einer der größten Künstler der Renaissance, beschäftigte sich ebenfalls intensiv mit der Perspektive und deren Umsetzung in der Malerei. Er erklärte die Perspektive als die Sicht auf einen Ort oder einen Gegenstand, der hinter einer Glasscheibe liegt, auf deren Fläche sich die dahinter befindlichen Elemente abzeichnen. Wenn Sie also beim Blick

Verleumdung, Sandro Botticelli, 1495

Blick aus einem Fenster
Die Fensterscheibe entspricht der Bildebene.

aus einem Fenster alles, was Sie von Ihrem Blickpunkt aus sehen, auf die Fensterscheibe malen, dann bilden Sie das Gesehene in der korrekten Perspektive ab. Bei einer fotorealistischen Arbeitsweise unterscheiden sich das Bild auf der Scheibe und der Blick aus dem Fenster nicht.

Neben Leonardo da Vinci waren Michelangelo (1475–1564) und Raffael (1483–1520) die großen Künstler der Renaissance, die die Perspektive virtuos beherrschten. Neben der Fluchtpunktperspektive setzten die Künstler der Renaissance auch erstmals die sogenannte Luftperspektive, die *sfumato*, in ihren Werken um. Die Wirkung der Luftperspektive beruht darauf, dass weiter entfernt scheinende Bildbereiche leicht unscharf oder verwischt und mit helleren Farben gemalt werden.

Albrecht Dürer (1471–1528), Künstler und Mathematiker aus Nürnberg, veröffentlichte 1525 sein Lehrbuch „Unterweisung der Messung". Er zeigte in verschiedenen Holzschnitten die angewandte Konstruktion der Perspektive mittels Projektion der dreidimensionalen Welt in die zweidimensionale Bildebene. Voraussetzung für eine exakte Projektion des Motivs in die Bildebene ist der gleichbleibende Blickpunkt des Künstlers. Dies kann durch einen Peilstab gewährleistet werden, wie er auch in dem Holzschnitt dargestellt ist. Albrecht Dürer leistete aber nicht nur als Mathematiker und Künstler Großartiges. Er gab dem grafischen Gewerbe auch wichtige handwerkliche Impulse durch seine Arbeiten und die Weiterentwicklung von Holzschnitt und Kupferstich als künstlerische Drucktechniken.

Abendmahl, Leonardo da Vinci, 1495/97

Die Schule von Athen, Raffael, 1509

Holzschnitt, Albrecht Dürer, 1536

5.2 Der Standpunkt des Betrachters

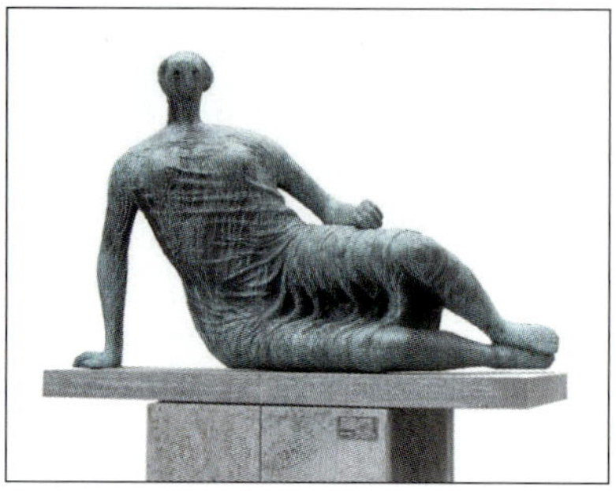
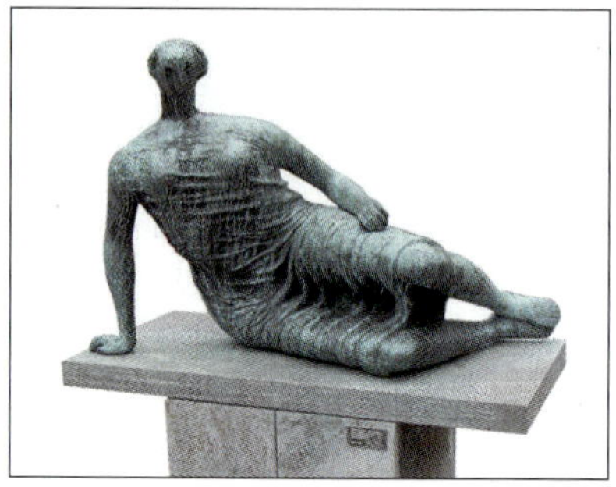

Draped Reclining Women

Henry Moore, 1957–1968
Vor der Staatsgalerie Stuttgart

Sie haben Ihren festen Standpunkt und sehen die Welt von dort aus in Ihrer Perspektive. Wenn Sie Ihren Standpunkt verändern, dann ändert sich damit automatisch auch Ihre Perspektive, Ihr Blick auf die Welt, oder wie in unserem Beispiel auf die Bronzestatue von Henry Moore.

Bevor wir uns mit den verschiedenen Techniken der perspektivischen Darstellung beschäftigen, sollten Sie die wichtigsten allgemeinen Fachbegriffe zur Beschreibung des Raums in der Perspektive kennenlernen.

5.2.1 Augenhöhe und Horizont

Stehen Sie gerade und schauen Sie geradeaus. Sie sehen in der Ferne den Horizont. Er befindet sich genau auf Ihrer Augenhöhe. Genau in der Mitte Ihres Gesichtsfeldes liegt auf dem Horizont der Augenpunkt. Die Augenhöhe ist der Abstand, den Ihre Augen vom Boden haben. Wenn Sie in die Knie gehen, verringert sich die Augenhöhe und der Horizont verschiebt sich auch nach unten. Steigen Sie dagegen auf eine Leiter, dann vergrößert sich die Augenhöhe, der Horizont steigt mit nach oben.

Schauen Sie auf ein Objekt oberhalb des Horizonts, dann fällt Ihr Blick nur auf die Seitenflächen und die Unterseite. Alle Objekte auf Augen- bzw. Horizonthöhe sehen Sie von vorne und die Objekte unterhalb der Augenhöhe betrachten Sie von oben.

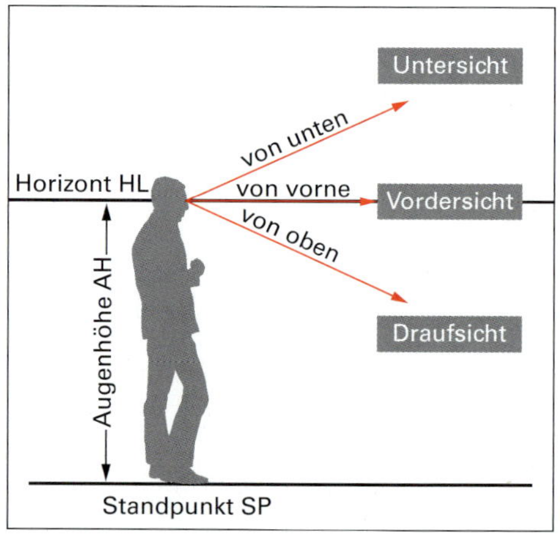

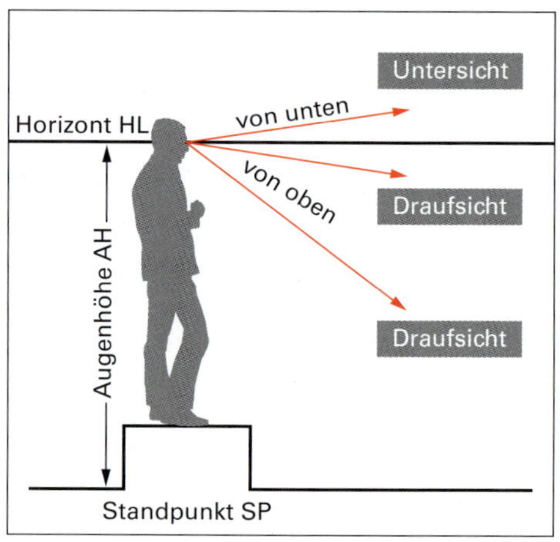

5.2.2 Ebenen und Linien

Von Ihrem Standpunkt ausgehend wird der Raum durch verschiedene Ebenen und Linien gegliedert. Die Fläche, auf der Sie stehen, heißt Grundebene. Das Blickfeld vor Ihnen von der Augenhöhe zum Horizont wird mit Horizontebene bezeichnet. Die von Ihren Augen aus gerade zum Horizont verlaufende Augenlinie trifft diese im Augenpunkt.

Senkrecht zur Grund- und Horizontebene steht die Bildebene. Wir können uns die Bildebene als Fensterscheibe vorstellen, durch die wir auf das Motiv schauen. Auf dieser Bildebene bildet sich zweidimensional das gesehene, gezeichnete oder fotografierte Bild ab. Dort, wo sich die Bildebene und die Horizontebene treffen, sehen wir die Horizontlinie oder kurz gesagt den Horizont.

Die Grundebene dehnt sich im Bild von Ihrem Standpunkt bis zum Horizont aus. Wie weit sich die Grundebene dehnt bzw. die Höhe des Horizonts im Bild, das hängt direkt von Ihrem Standpunkt und somit Ihrer Augenhöhe ab.

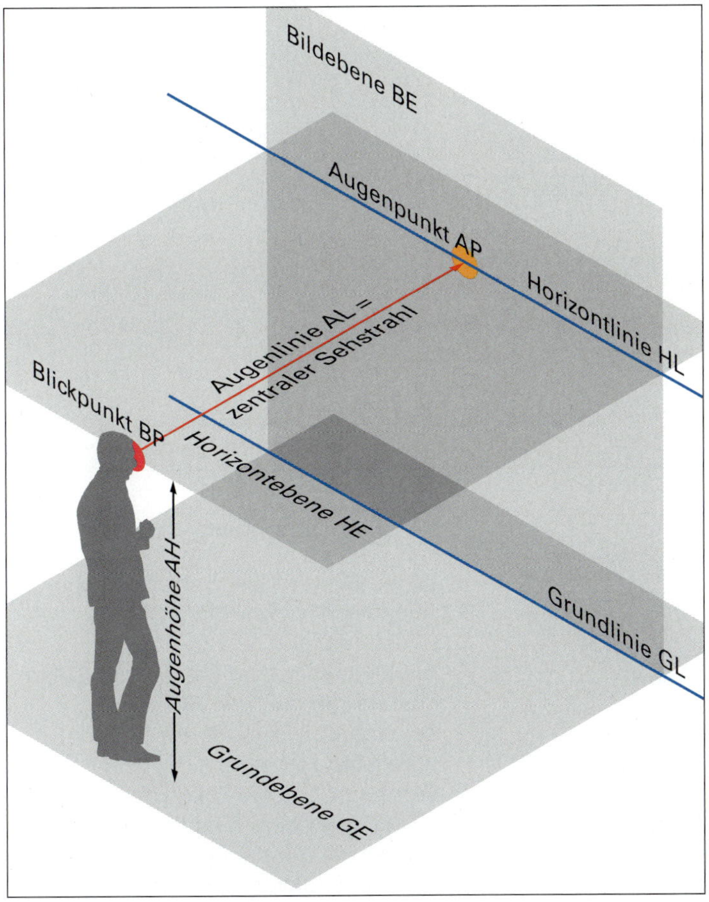

Ebenen und Linien im Raum

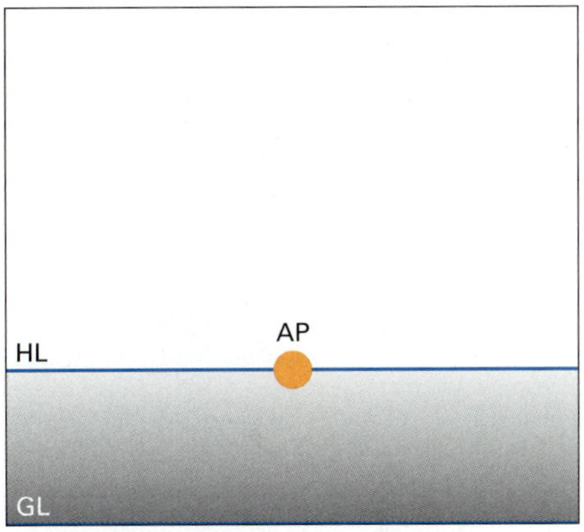

Bildebene BE, geringe Augenhöhe

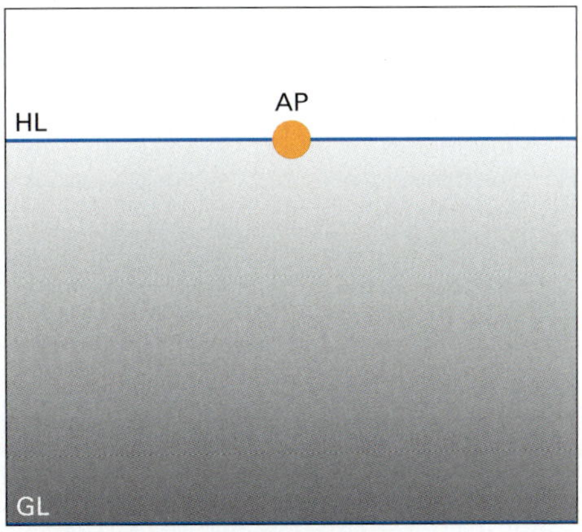

Bildebene BE, große Augenhöhe

5.3 1-Punkt-Perspektive

Bei der 1-Punkt-Perspektive verlaufen alle parallelen Linien der Raumtiefe zu einem zentralen Fluchtpunkt auf dem Horizont. Die beiden anderen Raumachsen verlaufen parallel zur Bildebene. Man nennt diese Art der Perspektive deshalb auch Zentral- oder Parallelperspektive. Der Fluchtpunkt liegt im Schnittpunkt der Augenlinie bzw. des zentralen Sehstrahls mit der Horizontlinie. Er ist somit mit dem Augenpunkt identisch.

Fluchtlinien, die zu Objekten oberhalb des Horizonts führen, steigen an, Fluchtlinien unterhalb des Horizonts sind abfallend.

1-Punkt-Perspektive

- Alle Parallelen der Raumtiefe treffen sich in einem Fluchtpunkt.
- Der zentrale Fluchtpunkt entspricht dem Augenpunkt und liegt auf der Horizontlinie.
- Die Vertikalen und Horizontalen bleiben unverändert.

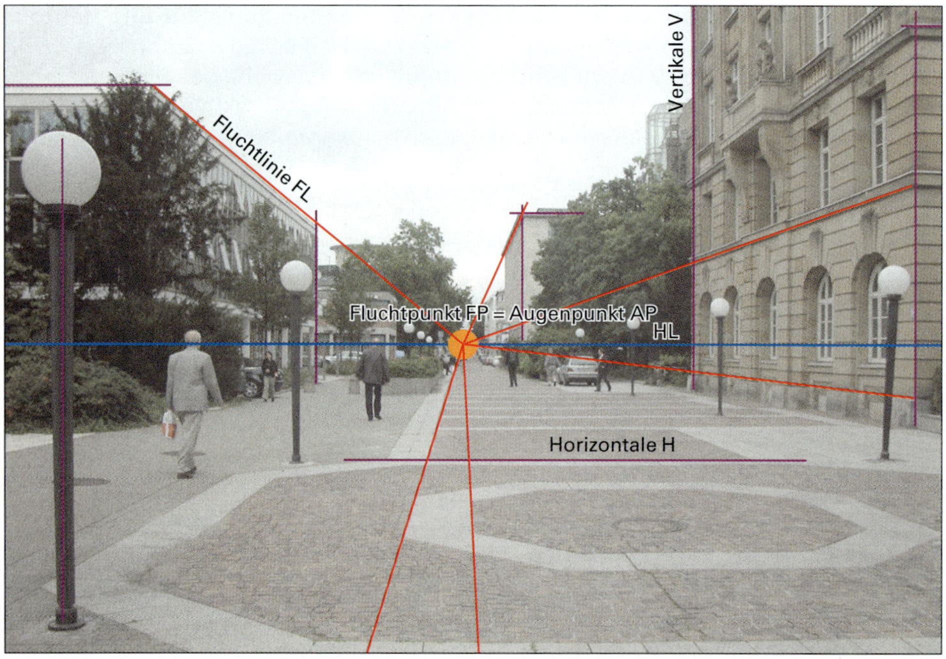

Freie Zeichnung

V: Vertikale
H: Horizontale
FP: Fluchtpunkt
FL: Fluchtlinie
HL: Horizontlinie
GL: Grundlinie

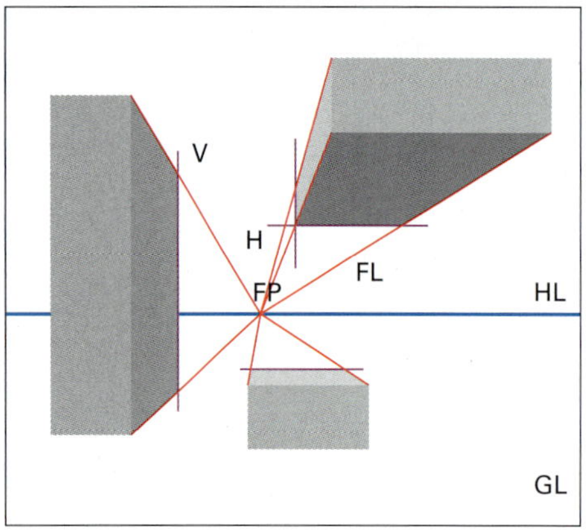

5.3.1 Freie Zeichnung

- Legen Sie die Horizonthöhe fest und zeichnen Sie die Horizontlinie in die Bildebene ein.
- Als Zweites setzen Sie den zentralen Fluchtpunkt auf den Horizont.
- Zeichnen Sie nun die zur Bildebene parallelen Flächen.
- Verbinden Sie die Ecken der vorderen Flächen mit dem Fluchtpunkt und begrenzen Sie die Flächen in der Raumtiefe durch vertikale und horizontale Linien.

5.3.2 Konstruktion

Die maßstäblich korrekte Umsetzung eines Aufrisses in die 1-Punkt-Perspektive ist mittels Projektionspunkte und -linien einfach zu realisieren. Sie können die Abfolge der Arbeitsschritte aus unserem Beispiel direkt auf jede beliebige Zeichnung anwenden.

- Zeichnen Sie zunächst den Aufriss.
- Legen Sie nun Ihren Standpunkt unterhalb des Grundrisses fest.
- Ziehen Sie im nächsten Schritt die Hilfslinien vom Standpunkt zu den Ecken der Felder. Aus den Schnittpunkten mit der vorderen Linie des Grundrisses ergeben sich die Projektionspunkte.
- Da in der Horizontalen keine perspektivische Verjüngung stattfindet, können Sie die Maße aus dem Grundriss unverändert auf die Grundlinie der Bildebene übertragen.
- Die Raumhöhe können Sie, da auch in der Vertikalen keine perspektivische Verjüngung stattfindet, ebenfalls direkt auf die Vertikale der Bildebene übertragen.
- Legen Sie nun die Höhe der Horizontlinie fest.
- Der Schnittpunkt zwischen Ihrer Augenlinie und dem Horizont ergibt die Lage des Fluchtpunkts.
- Ziehen Sie die Fluchtlinien von der Grundlinie und der Vertikalen zum Fluchtpunkt.
- Übertragen Sie als Nächstes die Projektionspunkte auf die linke Fluchtlinie.
- Als letzten Schritt müssen Sie noch die Horizontalen und die Vertikalen des gezeichneten Raums an den Schnittpunkten in der perspektivischen Zeichnung eintragen und die Felder einfärben.

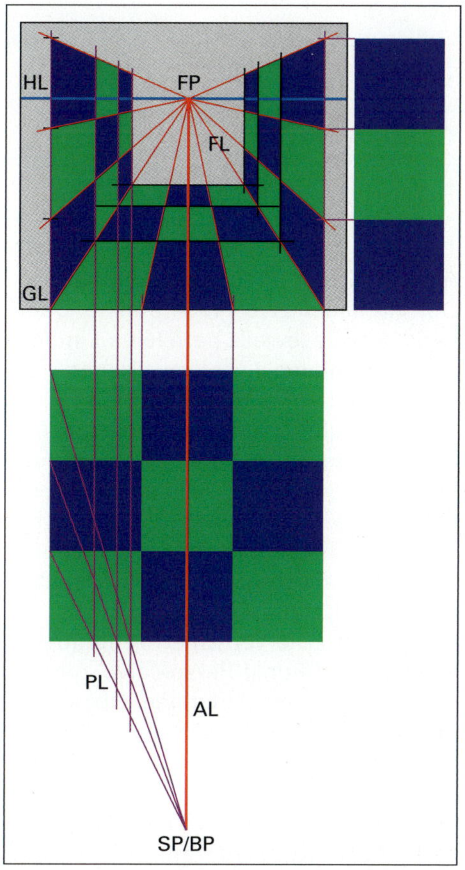

Konstruktion

HL: Horizontlinie
FP: Fluchtpunkt
FL: Fluchtlinie
GL: Grundlinie
PL: Projektionslinie
AL: Augenlinie
SP: Standpunkt
BP: Blickpunkt

1-Punkt-Perspektive in der Kunst

Carl Spitzweg „Der arme Poet“, 1839

Nur der Bücherstapel im vorderen Bereich des Bildes weicht von der 1-Punkt-Perspektive ab. Er ist in der 2-Punkt-Perspektive gemalt. Das Bild wirkt dadurch weniger konstruiert und somit natürlicher.

5.4 2-Punkt-Perspektive

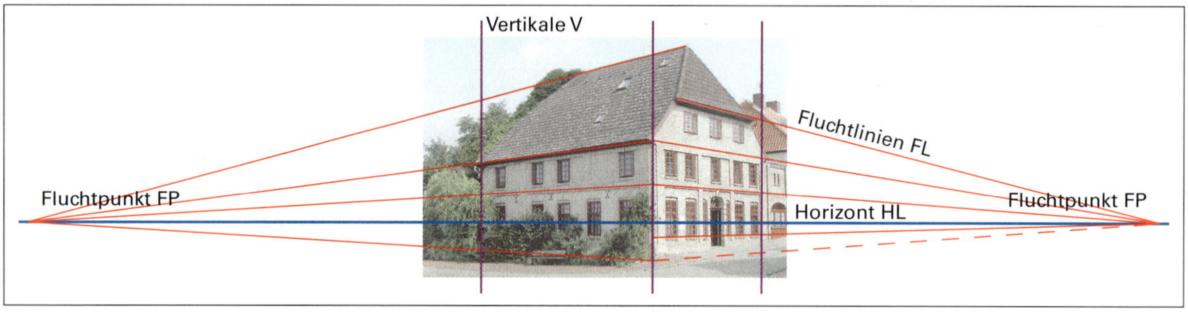

2-Punkt-Perspektive

- Parallele waagrechte und schräg zur Bildebene verlaufende Linien haben einen gemeinsamen Fluchtpunkt auf dem Horizont.
- Nicht parallel stehende Objekte haben verschiedene Fluchtpunkte.
- Senkrechte Linien haben keinen Fluchtpunkt, sie bleiben senkrecht.

Alle schräg zur Bildebene stehenden Objekte haben zwei Fluchtpunkte. Dabei verlaufen die jeweils parallelen Linien der Horizontalen zu einem eigenen Fluchtpunkt auf dem Horizont. Die beiden Fluchtpunkte eines Objekts liegen links und rechts vom Objekt auf dem Horizont. Alle parallelen Linien, die links von der dem Betrachter am nächsten liegenden Vertikalen sind, fliehen zum linken Fluchtpunkt, alle die rechts davon sind, treffen sich im rechten Fluchtpunkt. Die Vertikalen verlaufen, wie bei der 1-Punkt-Perspektive, parallel zur Vertikalen der Bildebene. Objekte, die nicht parallel auf der Grundebene stehen, haben jeweils eigene Fluchtpunkte.
Fluchtlinien, die zu Objekten oberhalb des Horizonts führen, steigen an, Fluchtlinien unterhalb des Horizonts sind abfallend.

Bei einem zu geringen Abstand des Betrachters zum Objekt wird der vordere Winkel kleiner als 90° dargestellt. Das gezeichnete Objekt wirkt verzerrt. Um eine perspektivisch korrekt wirkende Darstellung zu erreichen, müssen Sie bei solch extremen Blickpunkten Ihre Zeichnung in der 3-Punkt-Perspektive erstellen. Dort fluchten alle drei Dimensionen wie bei einer Weitwinkelaufnahme jeweils auf einen Fluchtpunkt.

Freie Zeichnung

V: Vertikale
FL: Fluchtlinie
FP1: Fluchtpunkte von Quader **A**
FP2: Fluchtpunkte von Quader **B**
FP3: Fluchtpunkte von Quader **C**
HL: Horizontlinie
GL: Grundlinie

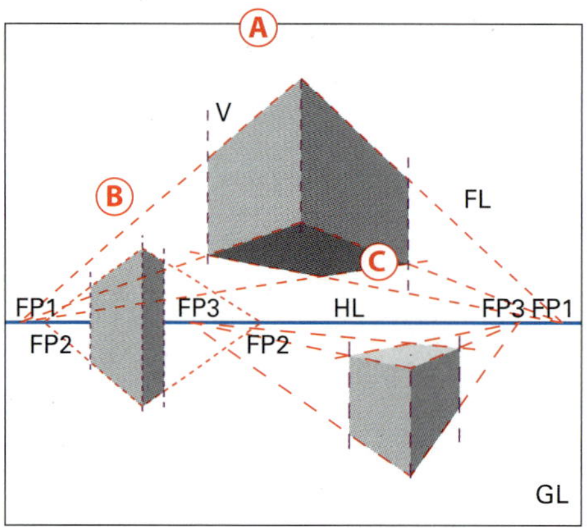

5.4.1 Freie Zeichnung

- Legen Sie die Horizonthöhe fest und zeichnen Sie die Horizontlinie in die Bildebene ein.
- Zeichnen Sie nun die vorderste Vertikale des Objekts.
- Als Drittes setzen Sie die beiden Fluchtpunkte auf den Horizont.
- Verbinden Sie die Endpunkte der Vertikalen mit den Fluchtpunkten und begrenzen Sie die Flächen in der Raumtiefe durch vertikale Linien.
- Ziehen Sie Fluchtlinien von den Schnittpunkten der hinteren Vertikalen mit den bestehenden Fluchtlinien.

5.4.2 Konstruktion

Da die beiden Fluchtpunkte eines Objekts naturgemäß nicht gleich dem Augenpunkt sind, ist die Umsetzung eines Aufrisses in die 2-Punkt-Perspektive etwas schwieriger als bei der 1-Punkt-Perspektive. Breite und Tiefe müssen von Ihnen in die perspektivische Zeichnung übertragen werden. Die vordere Höhe kann direkt übernommen werden. Die seitlichen und hinteren Höhen des Objekts ergeben sich aus der Konstruktion von Breite und Tiefe.

Selbstverständlich können Sie die Abfolge der Arbeitsschritte aus unserem Beispiel direkt auf jede beliebige Zeichnung anwenden.

Fluchtpunkte und Lage des Objekts

Unser Beispiel zeigt die Konstruktion im schwierigsten Fall. Das Objekt liegt seitlich versetzt zur Augenlinie und beginnt nicht an der Grundlinie. Die Objektbreite und -tiefe werden maßstäblich übertragen. Falls Ihr Objekt ohne Versatz in der Bildebene wiedergegeben wird, sind die Strecken einfach null. Wenn das Objekt im Raum schwebt, dann wird seine Grundfläche senkrecht nach unten auf die Grundfläche projiziert und die Fluchtpunkte werden nach der hier gezeigten Methode ermittelt.

- Vor der Festlegung der Fluchtpunkte definieren Sie zunächst die Lage des Objekts, die Bildebene, Ihren Standpunkt als Betrachter und daraus abgeleitet die Horizonthöhe.
- Zeichnen Sie zunächst den Aufriss **A**.
- Übertragen Sie die beiden Winkel α und β der Seiten des Objekts zur Grundlinie auf die beiden Fluchtlinien vom Blickpunkt BP zum Horizont zu den Fluchtpunkten FP1 und FP2.

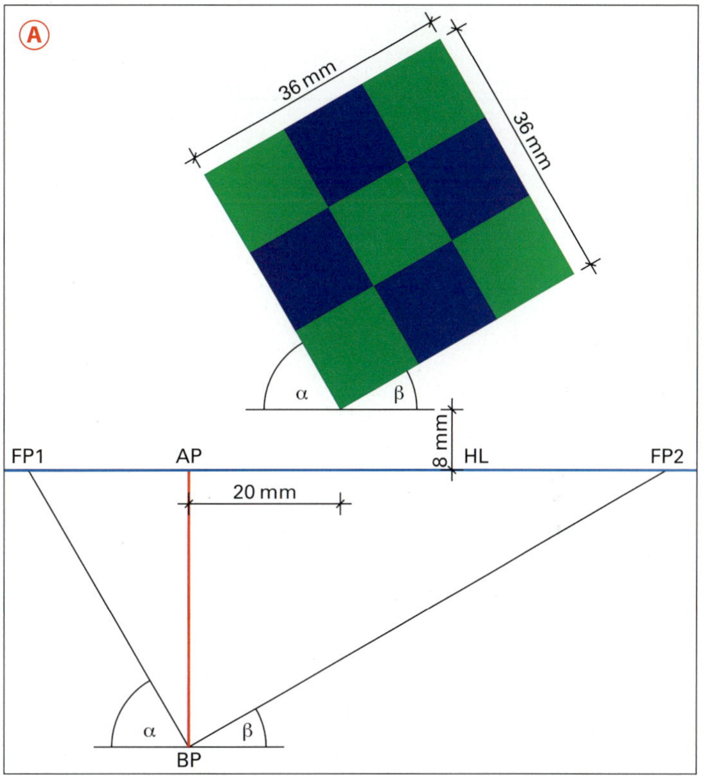

Aufriss mit Fluchtpunkten

AP: Augenpunkt
BP: Blickpunkt, Standpunkt des Beobachters
HL: Horizontlinie
FP1: Fluchtpunkt 1
FP2: Fluchtpunkt 2

weitere Abkürzungen
EP: Eckpunkt
GL: Grundlinie
H: Hilfspunkt
S: Schnittpunkt
SP: Standpunkt
TP: Teilungspunkt

Raumtiefe der Objektgrundfläche

- Zeichnen Sie den Hilfspunkt H1 in 20 mm Distanz rechts von der Augenlinie auf der Grundlinie ein **B**.
- Ziehen Sie im nächsten Schritt eine Hilfslinie vom Punkt H1 zum Augenpunkt AP.
- Tragen Sie jetzt die Tiefe von 8 mm vom Hilfspunkt H1 nach links auf der Grundlinie ab. Sie erhalten den zweiten Hilfspunkt H2.
- Ziehen Sie vom Punkt H2 eine Fluchtlinie zum Fluchtpunkt FP2.
- Der Schnittpunkt der beiden Geraden $\overline{H1AP}$ und $\overline{H2FP2}$ ist die Position der vorderen unteren Ecke des Objekts, des Eckpunkts EP.

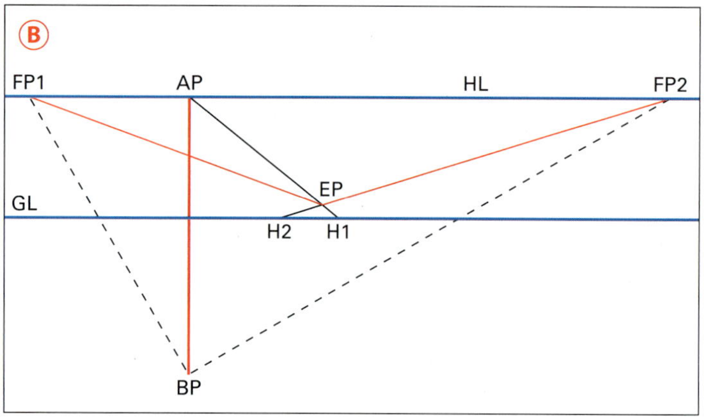

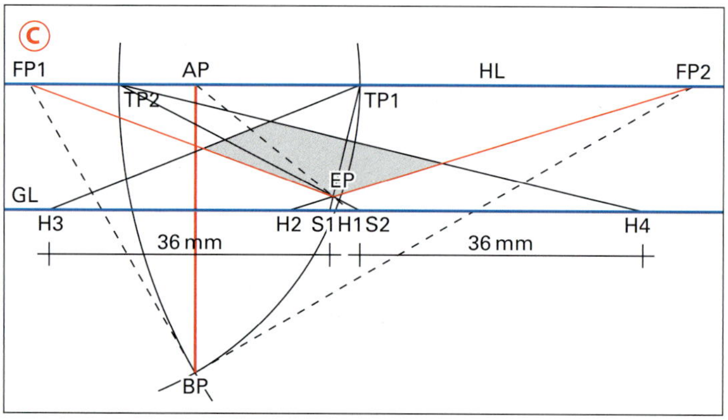

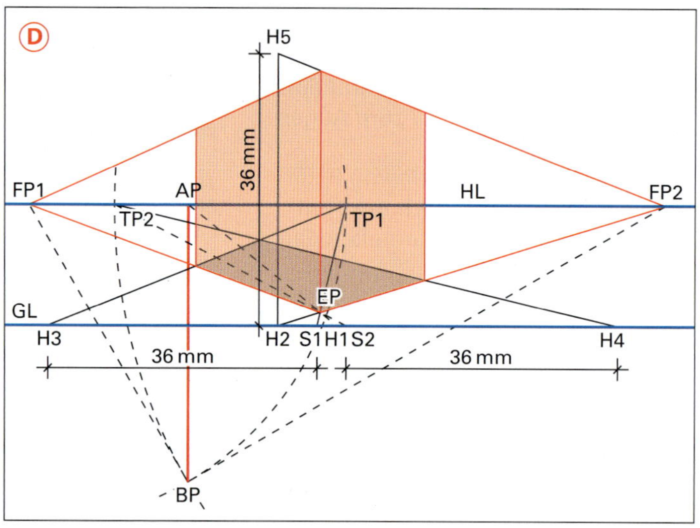

Objektbreite und -tiefe

- Im nächsten Schritt legen Sie die Raumtiefe entsprechend den gegebenen Maßen fest **C**.
- Schlagen Sie um den Fluchtpunkt FP1 einen Kreisbogen mit dem Radius $\overline{\text{FP1BP}}$. Sie erhalten dadurch den Teilungspunkt TP1 auf der Horizontlinie HL.
- Den zweiten Kreisbogen schlagen Sie um den Fluchtpunkt FP2, der Radius ist jetzt die Entfernung von FP2 zum BP. Der Schnittpunkt des Kreisbogens mit der Horizontlinie ergibt den Teilungspunkt TP2.
- Ziehen Sie eine Gerade vom Teilungspunkt TP1 durch den Eckpunkt EP zur Grundlinie GL.
- Tragen Sie die Tiefe des Objekts, in unserem Beispiel 36 mm, vom Schnittpunkt S1 nach links auf der Grundlinie ab. Sie erhalten den Hilfspunkt H3.
- Zeichnen Sie eine Gerade vom Hilfspunkt H3 zum Teilungspunkt TP1. Der Schnittpunkt mit der Fluchtlinie $\overline{\text{FP1EP}}$ bestimmt die Tiefe des Objekts.
- Bestimmen Sie nun die Breite des Objekts in der Zeichnung. Ziehen Sie eine Gerade vom Teilungspunkt TP2 durch den Eckpunkt EP zur Grundlinie GL.
- Tragen Sie die Breite des Objekts, in unserem Beispiel 36 mm, vom Schnittpunkt S2 nach rechts auf der Grundlinie ab. Sie erhalten den Hilfspunkt H4.
- Zeichnen Sie eine Gerade vom Hilfspunkt H4 zum Teilungspunkt TP2. Der Schnittpunkt mit der Fluchtlinie $\overline{\text{FP2EP}}$ markiert die Breite des Objekts.

Objekthöhe

- Jetzt kommt die Höhe als dritte

Dimension hinzu **D**. Zeichnen Sie die Höhe, 36 mm, senkrecht im Hilfspunkt H2 ein. Am oberen Ende erhalten Sie den Hilfspunkt H5.

- Ziehen Sie eine Hilfslinie vom Hilfspunkt H5 zum Fluchtpunkt FP2.
- Zeichnen Sie jetzt die vordere Höhe des Objekts vom Eckpunkt EP bis zur Hilfslinie ein.
- Ziehen Sie eine Fluchtlinie von diesem Punkt zum Fluchtpunkt FP1.
- Zum Schluss zeichnen Sie noch die beiden Höhen an den hinteren Eckpunkten ein. Die beiden sichtbaren Flächen sind damit fertig gezeichnet.
- Die Karos **E** der Vorlage aus Abbildung **A** verbleiben Ihnen als letzte Aufgabe. Verfahren Sie dabei nach dem Schema aus **C**.

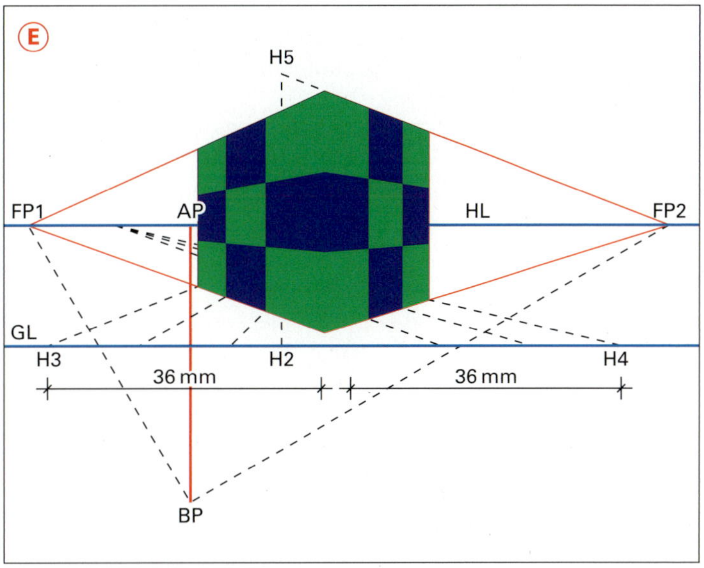

5.4.3 Raumdarstellung in der 1- und 2-Punkt-Perspektive

Die beiden Fluchtpunktperspektiven unterscheiden sich in den Möglichkeiten der Raumdarstellung. In der Außendarstellung eines Körpers zeigt die 1-Punkt-Perspektive maximal 3 Flächen. Dagegen sind in der Innendarstellung bis zu fünf Raumflächen möglich. Mit der 2-Punkt-Perspektive sind dagegen jeweils nur maximal 3 Raumflächen darstellbar. Die Wahl der Perspektive ist also nicht nur vom Standpunkt und Blickwinkel des Betrachters abhängig. In der Mediengestaltung bestimmt viel mehr der Aussagewunsch die Art der Darstellung. Es geht darum, die jeweils gestalterisch optimale Art der perspektivischen Darstellung zu wählen. Dafür gibt es leider keine allgemein gültigen Empfehlungen, die Entscheidung, welche Perspektive geeignet ist, liegt bei Ihnen.

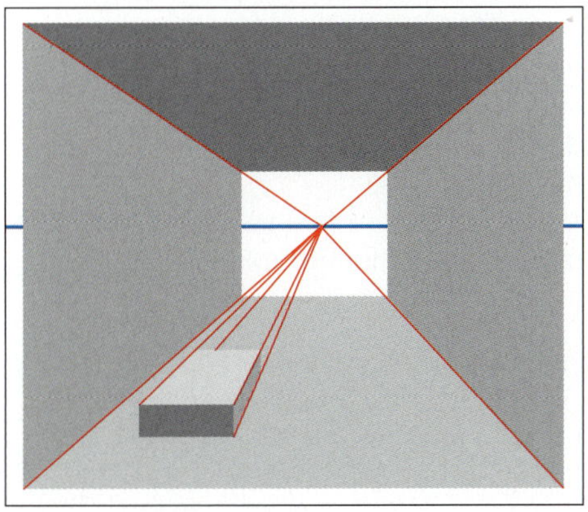

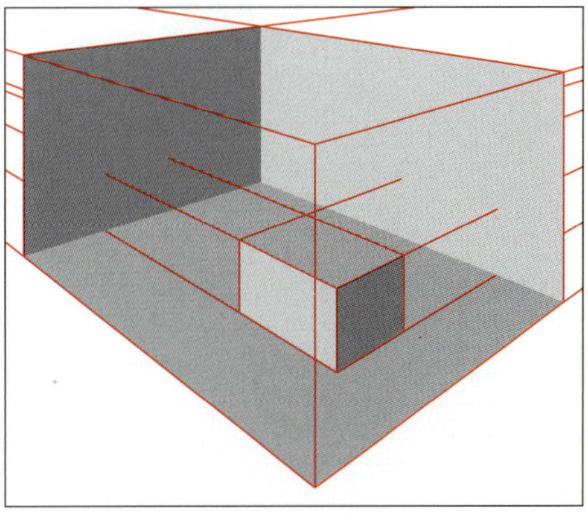

Raumdarstellung

1-Punkt- und 2-Punkt-Perspektive

5.5 3-Punkt-Perspektive

Sie fliegen als Vogel über die Welt und betrachten die Dinge von oben. Oder Sie stehen als kleiner Mensch vor einem Wolkenkratzer. Die 3-Punkt-Perspektive bietet für beide Fälle die Lösung. Sie ist die ideale Perspektive für die Darstellung extremer Sichtweisen.

3-Punkt-Perspektive bedeutet, dass bei dieser Perspektive nicht nur die Breite und Tiefe, sondern auch die dritte Dimension, die Höhe, auf einen eigenen Fluchtpunkt bezogen wird.

Die 3-Punkt-Perspektive wird meist in freien Zeichnungen angewandt. Es ist aber natürlich auch möglich, die Zeichnung nach konkreten Maßvorgaben zu konstruieren. Diese maßstäbliche Umsetzung in eine perspektivische Zeichnung geschieht analog der im Abschnitt 5.3.2 vorgestellten Abfolge.

Froschperspektive

5.5.1 Vogelperspektive

Der Standpunkt des Betrachters befindet sich bei der Vogelperspektive weit oberhalb des Objekts. Wir haben deshalb, ähnlich wie bei der Zentralperspektive in der Raumtiefe, eine perspektivische Verjüngung in der Raumhöhe zur Grundebene hin. Die Vertikalen eines Objekts treffen sich in einem Fluchtpunkt unterhalb des Objekts.

5.5.2 Froschperspektive

Die Froschperspektive ist der Vogelperspektive naturgemäß genau entgegengesetzt. Wir nehmen ebenfalls eine Verjüngung der Vertikalen wahr, diesmal aber nicht nach unten, sondern nach oben.

Die Vertikalen fluchten zum oberhalb befindlichen Fluchtpunkt.

5.6 Kreise und Ellipsen

Auch runde Formen verändern sich durch die Perspektive. Aus Kreisen werden Ellipsen. Dabei gilt, je größer die Entfernung vom Horizont, desto offener ist die Ellipse. Direkt auf der Horizontlinie ist nur noch eine Linie zu sehen.

5.6.1 Konstruktion

Eine Ellipse hat immer zwei unterschiedlich lange Achsen. Bei waagrecht liegenden Kreisen ist die Längsachse der Ellipse in der perspektivischen Darstellung ebenfalls waagrecht.

Fluchtpunktkonstruktion

- Zeichnen Sie einen Kreis und das ihn umschließende Quadrat.
- Konstruieren Sie anschließend die perspektivische Darstellung des Quadrats auf den entsprechenden Fluchtpunkt hin.
- Zeichnen Sie jetzt in beide Flächen jeweils die Diagonalen ein. Die Schnittpunkte mit der Kreislinie entsprechen den Schnittpunkten mit der Ellipse. Der Mittelpunkt MK des Kreises bleibt im Schnittpunkt der Diagonalen. Die Ellipse hat ihren Mittelpunkt ME im geometrischen Mittelpunkt der perspektivisch verzerrten Fläche.

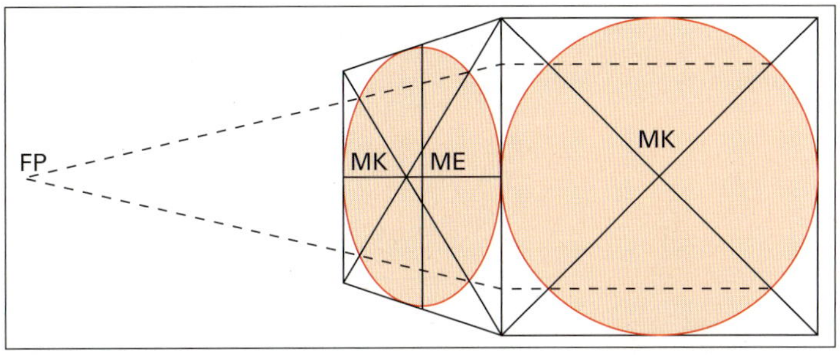

Ellipsenkonstruktion
MK: Kreismittelpunkt
ME: Ellipsenmittelpunkt

5.6.2 Besondere Formen

Seitliche Enden
Bei sehr flachen Ellipsen mit einer großen Längsachse und kurzer Querachse sieht man, vor allem bei Freihandzeichnungen oder bei aus Kreissegmenten zusammengesetzten Ellipsen, immer wieder spitz zulaufende seitliche Enden. Dies ist zeichnerisch falsch. Die Enden einer Ellipse sind niemals spitz, sondern immer rund.

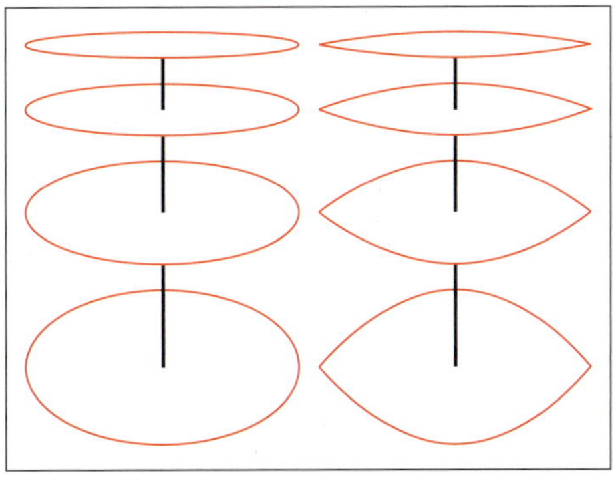

Ellipsenenden
Links: korrekt
Rechts: falsch

Kreisring – Ellipsenring
Bei einem Kreisring haben der innere und der äußere Ring einen gemeinsamen Mittelpunkt. Durch die Verjüngung nach hinten ist beim Ellipsenring der vordere Rand breiter als der hintere Rand. Die Achse der inneren Ellipse ist dementsprechend weiter hinten bzw. in der Bildebene weiter oben.

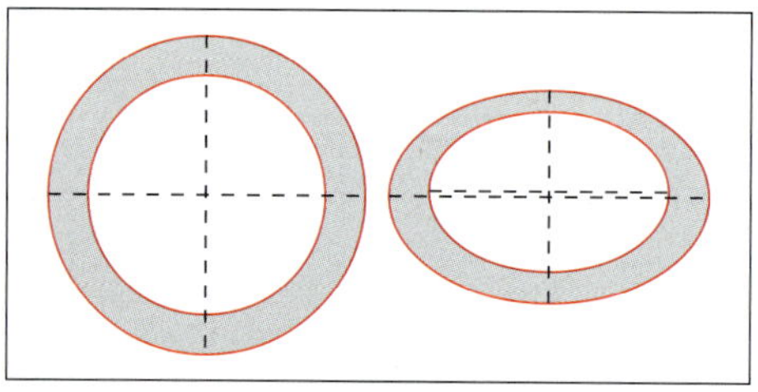

Kreisring und Ellipsenring

Die Längsachsen sind beim Ellipsenring nach oben versetzt.

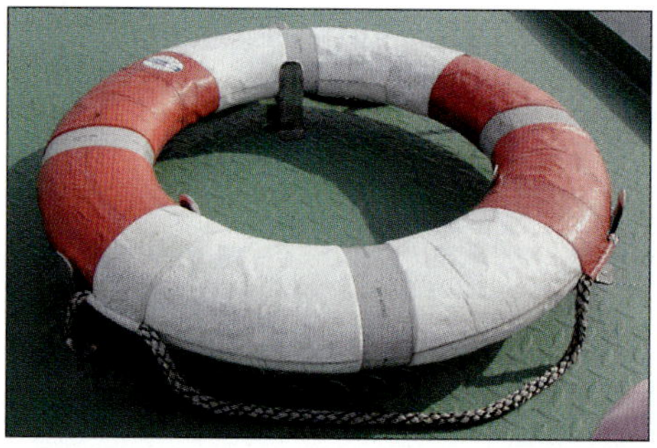

Kegel
Die Seitenlinien des Kegelmantels dürfen die Ellipse der Grundfläche nur berühren, nicht schneiden. Je flacher die Ellipse ist, desto näher rücken die Seitenlinien an die Längsachse heran.

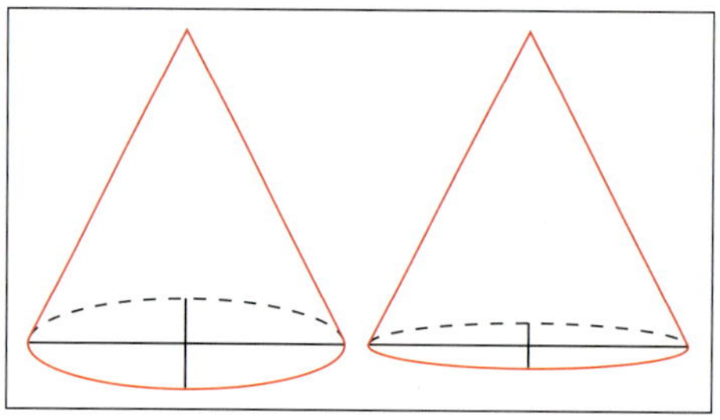

Zylinder
Beim Zeichnen eines Zylinders müssen Sie beachten, dass sich die Ellipsen oberhalb und unterhalb des Horizonts mit zunehmender Entfernung der Kreisform nähern. Die obere und die untere Ellipse haben deshalb grundsätzlich unterschiedlich lange Querachsen. Die Längsachsen sind immer gleich lang.

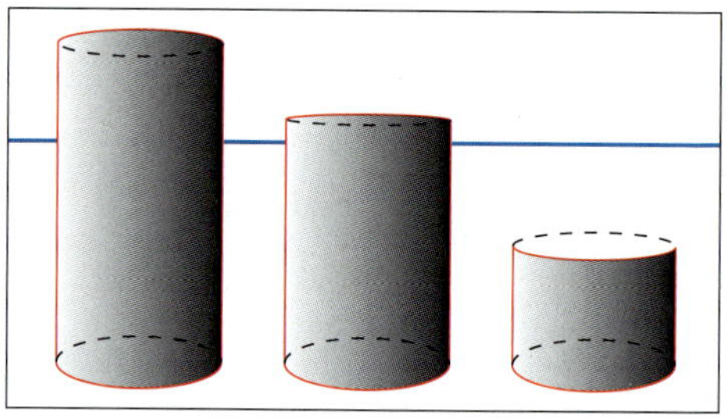

Muster
Wenn Sie regelmäßige Muster auf den Mantel eines Zylinders zeichnen, dann muss sich der Abstand der Musterelemente natürlich perspektivisch verändern. Die lineare Projektion haben Sie schon im Abschnitt 5.3.2 kennengelernt, die Übertragung auf eine Rundung erfolgt analog dazu.

- Zeichnen Sie zunächst einen Halbkreis mit der Musterteilung.
- Übertragen Sie die Teilung.
- Füllen Sie das Muster entsprechend der übertragenen Teilung.

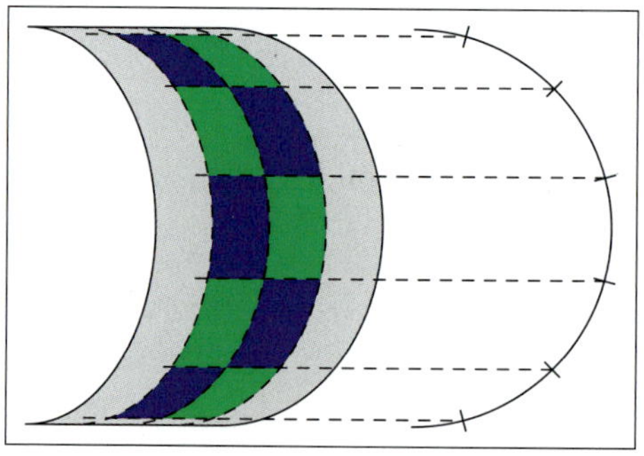

5.7 Licht und Schatten

Erst durch Licht und Schatten wirken Ihre Zeichnungen wirklich plastisch und natürlich. Zu Ihrem Standpunkt als Beobachter kommt jetzt noch ein zweiter Standpunkt hinzu, die Position der Lichtquelle. Daraus ergeben sich zwei Faktoren, die Sie bei der Schattenkonstruktion beachten müssen:

- *Schattenrichtung*, sie ist von der Richtung, aus der das Licht auf das Objekt fällt, abhängig.
- *Schattenlänge*, sie ist vor allem vom Abstand der Lichtquelle zur Grundebene abhängig.

5.7.1 Künstliche Lichtquelle

Einfache Schatten

- Vor der Konstruktion des Schattens definieren Sie zunächst die Lage des Objekts, die Bildebene, Ihren Standpunkt als Betrachter und daraus abgeleitet die Horizonthöhe und erstellen die perspektivische Zeichnung.
- Legen Sie die Position und Höhe der Lichtquelle LQ über der Grundebene fest.
- Zeichnen Sie nun senkrecht unter der Lichtquelle auf der Grundebene den Schattenfluchtpunkt SFP ein. Durch seine Lage definieren Sie die Richtung des Lichteinfalls und damit die Schattenrichtung.
- Ziehen Sie Schattenfluchtlinien vom Schattenfluchtpunkt durch alle auf der Grundebene liegenden Punkte des Objekts.
- Als nächsten Schritt zeichnen Sie die Lichtfluchtlinien von der Lichtquelle über die oberen Eckpunkte des Objekts zur Grundebene, bis sich Licht- und Schattenfluchtlinien der vertikal verbundenen Objektpunkte schneiden. Diese Schnittpunkte bilden die Schattenpunkte des Objekts.
- Verbinden Sie die Schattenpunkte und die äußeren Objekteckpunkte auf der Grundebene zur Schattenfläche.

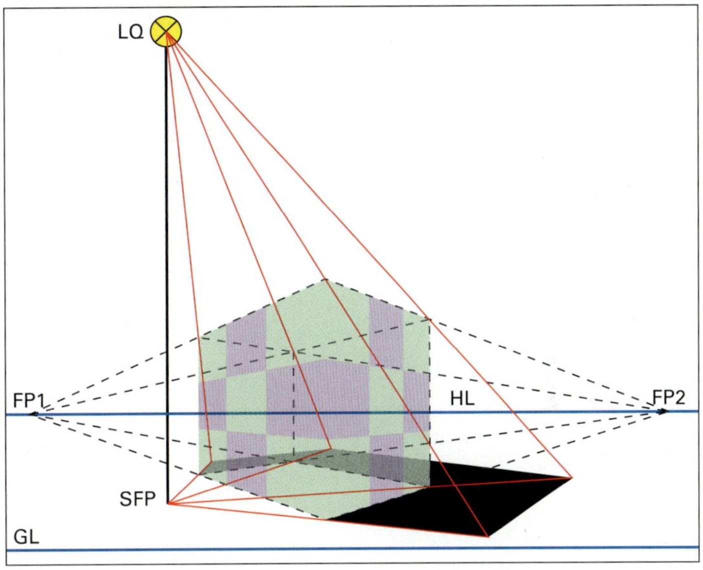

Schattenkonstruktion

LQ: Lichtquelle
SFP: Schattenfluchtpunkt
HL: Horizontlinie
GL: Grundlinie
FP1: Fluchtpunkt 1
FP2: Fluchtpunkt 2

Gebrochene Schatten

Als gebrochene Schatten werden Schatten bezeichnet, die nicht nur flach auf der Grundebene liegen. Der Schattenwurf trifft auf ein Hindernis und bildet sich darauf ab. Dabei richtet sich der Verlauf nach der Ebene, in der das Hindernis fluchtet.

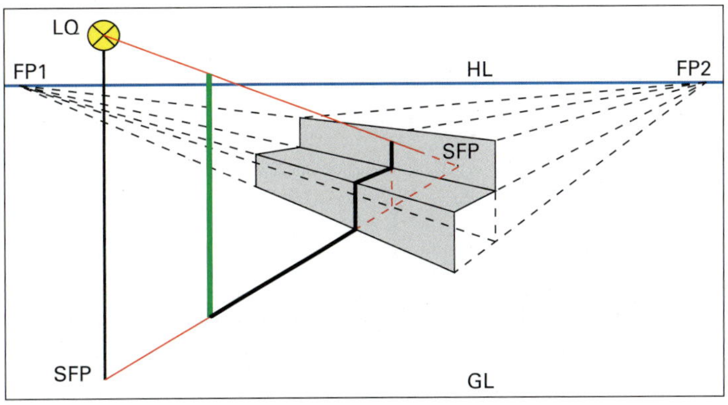

5.7.2 Natürliche Lichtquelle – die Sonne

Tiefstehende Sonne
Den Schatten, den die tiefstehende Sonne wirft, konstruieren Sie genau gleich wie den Schatten einer künstlichen Lichtquelle. Durch die großen Dimensionen wird der Schattenfluchtpunkt allerdings immer senkrecht unter der Position der Sonne auf dem Horizont eingezeichnet.

Schattenkonstruktion

Die Sonne steht immer über dem Horizont.
LQ: Lichtquelle
SFP: Schattenfluchtpunkt
HL: Horizontlinie

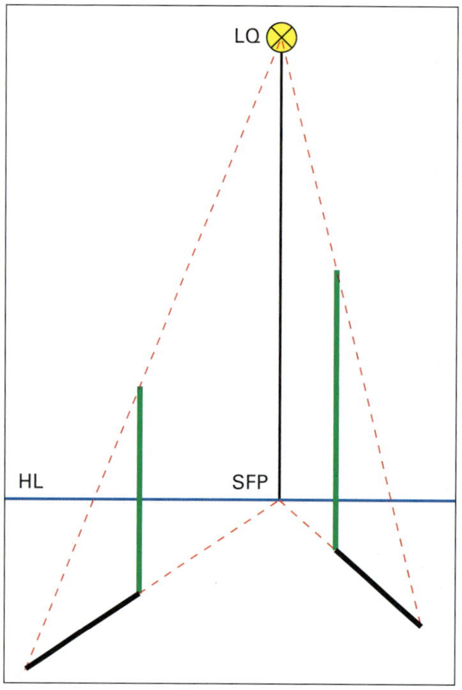

Schattenkonstruktion

Die Entfernung Sonne Horizont ist für das Zeichenformat zu groß. Deshalb gilt hier ein allgemeiner Lichteinfallswinkel, meist 30°, 45° oder 60°.
FP: Fluchtpunkt
HL: Horizontlinie

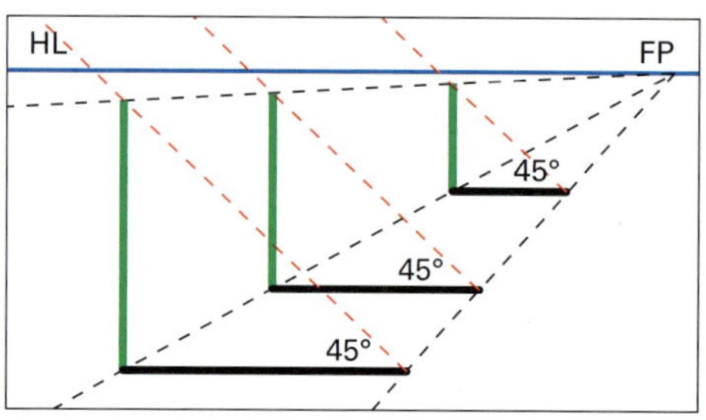

Hochstehende Sonne
Der Standpunkt der Sonne ist von der Jahres- und der Tageszeit abhängig. Wenn die Sonne sehr hoch über dem Horizont steht, dann können Sie die Position der Lichtquelle natürlich nicht auf dem Zeichenformat einzeichnen. Wir konstruieren dann den Schatten nicht mit Licht- und Schattenfluchtpunkt, sondern mit dem Schattenfluchtpunkt und einem angenommenen Lichteinfallswinkel. Die Lage des Schattenfluchtpunkts zum Objekt bestimmt die Schattenrichtung, aus dem Einfallswinkel ergibt sich die Schattenlänge. Üblicherweise gehen wir davon aus, dass die Sonne von uns aus gesehen links steht. Ein Lichteinfall von links heißt, der Schatten fällt auf der Bildebene nach rechts. Als Lichteinfallswinkel werden häufig die Standardwinkel 30°, 45° oder 60° verwendet.

5.7.3 Kern- und Halbschatten

Wird ein Objekt von mehr als einer Lichtquelle beleuchtet, dann wirft dieses Objekt mehrere Schatten. Je nach Lage der Lichtquellen kann es zu einer Überlagerung der Schatten kommen.

Die Fläche, die von allen Lichtquellen zusammen beschattet wird, heißt Kernschatten. Der Kernschatten wird aus der Schnittfläche der Einzelschatten gebildet. Die Flächen, die z. B. von einer Lichtquelle beleuchtet und von einer andern beschattet werden, nennt man Halbschatten. Da der Halbschatten nicht vollständig im Schatten aller Lichtquellen liegt, sondern teilweise noch beleuchtet wird, erscheint er heller als der Kernschatten.

Durch Beugungseffekte an den Objektkanten sind die Schattenflächen in der Realität nicht exakt scharf voneinander getrennt.

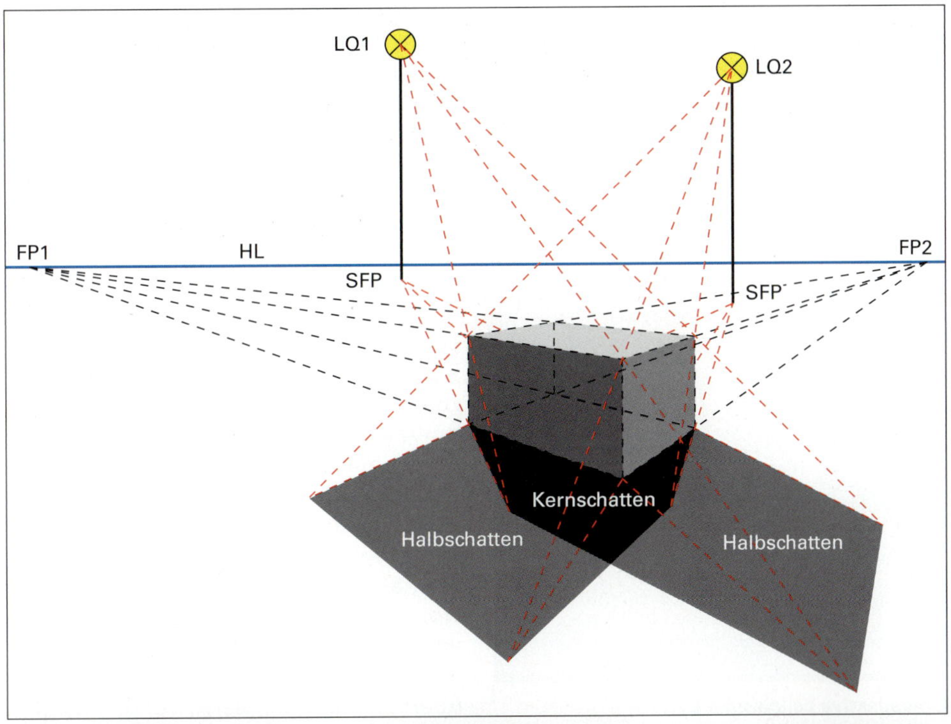

Schattenkonstruktion

Mehrere Lichtquellen erzeugen Kern- und Halbschatten.

Schattenspiele

5.8 Luft- und Farbperspektive

Luftperspektive und Farbperspektive unterscheiden sich grundsätzlich von den Linearperspektiven, mit denen wir uns in diesem Kapitel bisher befasst haben. Die räumliche Wirkung wird in der Luft- und Farbperspektive nicht durch die Projektion der drei Dimensionen in die zweidimensionale Zeichenfläche erzielt, sondern durch die visuelle Wirkung unterschiedlicher Sättigung, Helligkeit und Farbtöne der verschiedenen Bildebenen.

Wirkung der Luft- und Farbperspektive bei diesiger Luft

Wirkung der Luft- und Farbperspektive bei klarer Luft

5.8.1 Ursache und Wirkung

Luftperspektive
Staub und Feuchtigkeit in der Luft streuen das Licht. Dadurch verringert sich der Kontrast und die Sättigung mit zunehmender Entfernung. Die Konturen werden unschärfer, scheinen sich manchmal sogar aufzulösen. Außer bei ganz klarer Luft, dann erscheint uns plötzlich alles ganz nah und unwirklich. Unwirklich, weil die klare Luft die Ausnahme und die diesige Luft das Normale ist. Unsere Wahrnehmung ist vom Normalen geprägt, Abweichungen von der Norm sind deshalb immer überraschend und verwirrend.

Farbperspektive
Die Farbperspektive tritt in der Natur immer zusammen mit der Luftperspektive auf. Staub und Luftfeuchtigkeit streuen nicht nur das Licht, sondern absorbieren auch Teile des Lichts. Weißes Licht setzt sich aus unterschiedlichen Wellenlängenanteilen zusammen, die von der Luft verschieden absorbiert werden. Langwelliges rotes und gelbes Licht wird stärker absorbiert als das kurzwellige blaue Licht. Mit zunehmender Entfernung wirken Bildbereiche deshalb nicht nur heller und weniger gesättigt, sondern auch bläulich. Auch im strahlend blauen Himmel sehen wir nur den Blauanteil des Sonnenlichts.

5.8.2 Umsetzung in der Gestaltung

Wir kennen die Effekte der Luft- und Farbperspektive aus der täglichen Wahrnehmungserfahrung. Durch ihre bewusste Anwendung wurden schon seit dem 14. und 15. Jahrhundert Bilder mit einer starken räumlichen Wirkung gemalt. Bis heute spielt die Luft- und Farbperspektive eine wichtige Rolle in der Malerei, der Fotografie und natürlich der Mediengestaltung.

Unscharf, hell und wenig gesättigt signalisiert uns weit entfernt, im Hintergrund, unwichtig. Blaue Farbtöne bedeuten weiter entfernt, deshalb werden in der Gestaltung häufig die warmen Farben mit hohem Rotanteil im Vorder- und Mittelgrund eingesetzt. Die kalten Farben mit höherem Blauanteil bestimmen den Hintergrund.

Mortlake Terrace, Joseph Mallord William Turner, um 1826

Das volle Programm – Raumwirkung durch Linearperspektive, Licht und Schatten sowie Luft- und Farbperspektive

Luft- und Farbperspektive in Werbeanzeigen

5.9 Aufgaben

1 Perspektive erläutern

Was ist Gegenstand der Perspektive in der Mediengestaltung?

2 Augenhöhe und Horizont zeichnen

Zeichnen Sie den Horizont in den Bildrahmen ein:
a. bei geringer Augenhöhe

b. bei großer Augenhöhe

3 Blick- und Augenpunkt definieren

Definieren Sie die Begriffe:
a. Blickpunkt
b. Augenpunkt

a.

b.

4 Begriffe der Perspektive definieren

Definieren Sie die Begriffe:
a. Grundlinie
b. Horizontlinie
c. Bildebene

a.

b.

c.

5 1-Punkt-Perspektive erklären

Erklären Sie das perspektivische Prinzip der 1-Punkt-Perspektive.

6 1-Punkt-Perspektive visualisieren

Zeichnen Sie die Vordersicht eines Quaders in der 1-Punkt-Perspektive.

7 2-Punkt-Perspektive visualisieren

Zeichnen Sie die Draufsicht eines Quaders in der 2-Punkt-Perspektive.

8 3-Punkt-Perspektive erklären

Erklären Sie das perspektivische Prinzip der 3-Punkt-Perspektive.

9 3-Punkt-Perspektive visualisieren

Zeichnen Sie die Ansicht eines Quaders in der 3-Punkt-Perspektive.

10 Schatten konstruieren

Konstruieren Sie den Schatten für die beiden Stangen.

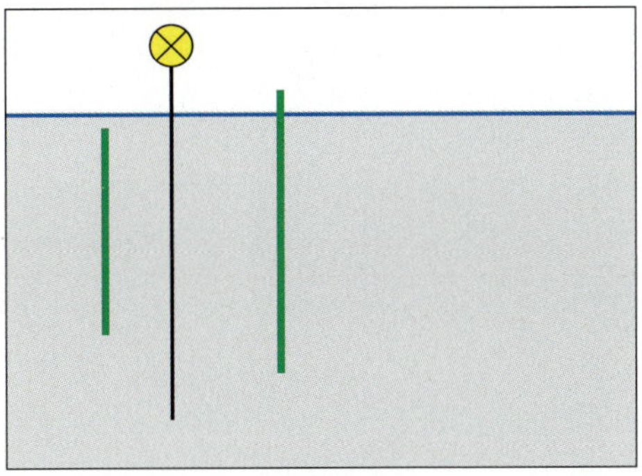

11 Luft- und Farbperspektive erklären

Erklären Sie die Begriffe:

a. Luftperspektive
b. Farbperspektive

a.

b.

12 Farbperspektive visualisieren

Visualisieren Sie mit Blautönen die Raumwirkung der Farbperspektive.

6.1 Die Farben des Regenbogens

Die Farben des Regenbogens sind die Farben des Lichts. Durch die Brechung in den Regentropfen wird das Sonnenlicht in die Farben des sichtbaren Spektrums aufgeteilt.

Bei der technischen Umsetzung der Farben unterscheiden wir das RGB-System und das CMYK-System. Beide Systeme sind technische Farbmodelle zur Darstellung von Farben in unterschiedlichen Medien. Das RGB-System steuert die Farberfassung und -darstellung in der Digitalkamera, auf dem Monitor und in der Projektion. Das CMYK-System ist die Grundlage für den farbigen Druck.

6.1.1 Additive Farbmischung – Lichtfarben

Das RGB-System basiert auf der additiven Farbmischung. In der additiven Farbmischung werden die Grundfarben Rot, Grün und Blau als Lichtfarben gemischt. Diese Farben entsprechen der Farbempfindlichkeit der drei Zapfenarten des menschlichen Auges.

Die Farben werden im RGB-System durch drei Farbwerte definiert. Ein Farbwert bezeichnet den Rotanteil, ein Farbwert den Grünanteil und ein Farbwert den Blauanteil. Für Rot, Grün und Blau gibt es jeweils 256 Abstufungen: von 0 (keine Farbe) bis 255 (volle Intensität). Schwarz wird dementsprechend im RGB-System mit Rot: 0, Grün: 0 und Blau: 0 erzeugt. Die Darstellung von Rot erreichen Sie mit den Farbwerten Rot: 255, Grün: 0 und Blau: 0. Da jeder der 256 Rotwerte mit jedem der 256 Grün- und 256 Blauwerte kombiniert werden kann, sind im RGB-System 16.777.216 Farben darstellbar.

Die technische Wiedergabe der Farben ist von den Softwareeinstellungen und den Hardwarekomponenten abhängig. Dadurch können sich die Farben bei den gleichen RGB-Farbwerten in der Monitordarstellung und der Beamerprojektion teilweise stark unterscheiden.

6.1.2 Subtraktive Farbmischung – Körperfarben

Das CMYK-System basiert auf der subtraktiven Farbmischung. In der subtraktiven Farbmischung werden Körperfarben gemischt. Körperfarben sind alle Farben, die nicht selbst leuchten, sondern erst durch die Beleuchtung mit Licht sichtbar werden. Alle industriellen Druckverfahren wie auch alle Laserdrucker und Tintenstrahldrucker arbeiten nach dem Prinzip der subtraktiven Farbmischung. Die Grundfarben der subtraktiven Farbmischung sind Cyan, Gelb und Magenta. Zur Verbesserung des Kontrastes und zur Textdarstellung wird zusätzlich noch Schwarz als vierte Farbe gedruckt. Es gibt Tintenstrahldrucker, die noch mit weiteren Farben arbeiten. Dadurch wird die Zahl der druckbaren Farben und Farbnuancen erhöht.

Additive Farbmischung

Subtraktive Farbmischung

Rot 255 Grün 0 Blau 0	Rot 0 Grün 255 Blau 0	Rot 0 Grün 0 Blau 255
Rot 0 Grün 255 Blau 255	Rot 255 Grün 0 Blau 255	Rot 255 Grün 255 Blau 0

RGB-Farbwerte

Cyan 100 Magenta 0 Yellow 0	Cyan 0 Magenta 100 Yellow 0	Cyan 0 Magenta 0 Yellow 100
Cyan 0 Magenta 100 Yellow 100	Cyan 100 Magenta 0 Yellow 100	Cyan 100 Magenta 100 Yellow 0

CMY-Farbwerte

6.2 Farbwirkung

Farben lösen immer Empfindungen und Gefühle in uns aus. Diese Wirkung der Farben ist aber nicht angeboren, sondern sie wird durch unsere Erfahrungen und unser kulturelles Umfeld bestimmt.

Welche Farbe hat die Liebe? Welche Farbe hat die Gefahr? Welche Farbe hat der Sommer?

Viele Menschen werden auf alle drei Fragen gleich antworten: ROT. Wie kann es sein, dass eine Farbe mit so unterschiedlichen Dingen assoziiert wird? Es gibt eben nicht die Farbe zu der bestimmten Emotion. Wir verbinden mit jeder Farbe viele unterschiedliche Erfahrungen und damit auch Empfindungen. Welche Wirkung eine Farbe in einer konkreten Situation hat, wird immer durch den Kontext, durch die sie umgebenden Farben bestimmt.

Farben machen das Design Ihres Mediums visuell interessanter. Sie gliedern und geben den Inhalten unterschiedliche Bedeutung. Ein roter Text inmitten von schwarzen Buchstaben gewinnt die Aufmerksamkeit des Betrachters sicherlich stärker als Text in Dunkelblau.

Die Farben sind in der Mediengestaltung nicht Selbstzweck, sondern gestalterisches Mittel, Ihre Botschaft dem Rezepienten besser verständlich zu machen.

Rot als Signalfarbe und Marke

Lassen Sie sich auf die Farbe ein, versuchen Sie die Emotionen mit Worten zu beschreiben.

6.3 Farbkontrast

Die Farbwahrnehmung wird wie die Formenwahrnehmung von ihrem Umfeld beeinflusst. Die vom Betrachter wahrgenommene Wechselwirkung verschiedener Farben wird als Farbkontrast bezeichnet.

Wenn Sie beim Betrachten unserer Beispiele diese einem anderen als dem hier als hauptsächlich wirksam angegebenen Kontrast zuordnen möchten, dann ist dies völlig in Ordnung. Meist lässt sich nämlich die Farbwirkung nicht eindeutig nur einem Kontrast zuschreiben.

12-teiliger Farbkreis

- Links: Die Helligkeit der Farben nimmt zum Zentrum hin zu, die Sättigung nimmt ab.
  Farben in den jeweils gegenüberliegenden Segmenten sind komplementär.
- Mitte: warme Farben
- Rechts: kalte Farben

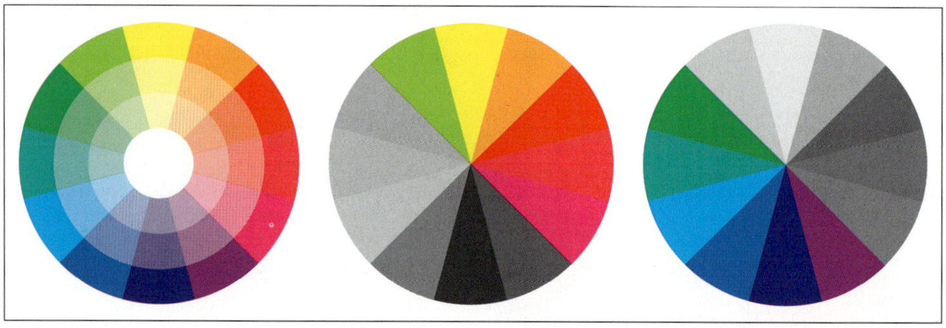

6.3.1 Simultankontrast

Simultankontrast

Welche Äpfel würden Sie kaufen?

Benachbarte Farben beeinflussen ihre Wirkung wechselseitig. Die Farben wirken anders als bei der isolierten Betrachtung nur einer Farbe. Sie können diesen Effekt leicht selbst nachvollziehen, wenn Sie die Kontrastbeispiele zuerst im Ganzen ansehen und dann die jeweilige Umgebungsfarbe mit einer Maske abdecken und die Farbflächen für sich betrachten. Man nennt dieses Phänomen Simultan- oder Umfeldkontrast. Dabei wirkt die größere Fläche immer auf die kleinere Fläche.

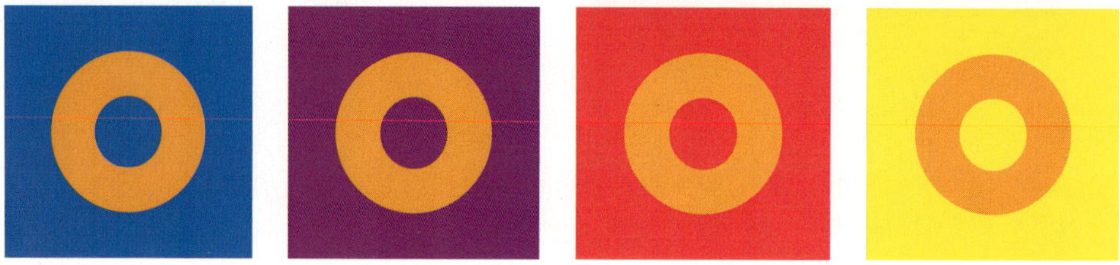

6.3.2 Komplementärkontrast

Der Komplementärkontrast wird aus Farbenpaaren gebildet, die sich im Farbkreis gegenüberliegen. Komplementärfarbenpaare ergänzen sich in ihrer Mischung immer zu Unbunt und bilden somit den stärksten Kontrast, den Sie durch die Kombination von zwei Farben erzeugen können.

In der Praxis wirkt der Komplementärkontrast häufig zu stark und führt dadurch, z. B. bei Schrift, zum optischen Flimmern.

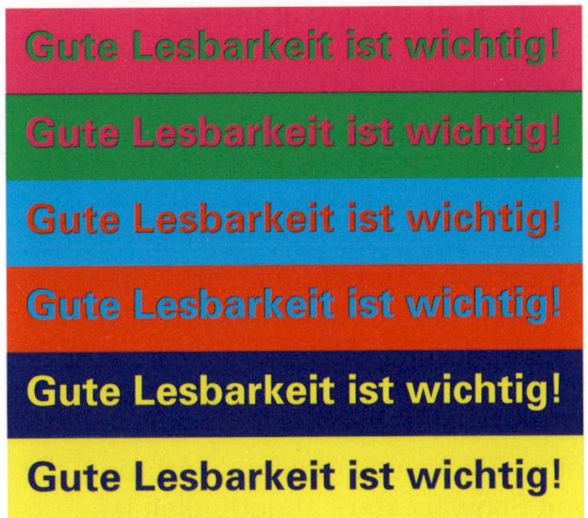

Komplementärkontrast
Welche Textzeilen sind gut lesbar?

6.3.3 Warm-kalt-Kontrast

Die Assoziation von Wärme und Feuer führt dazu, dass wir Farbtöne von Gelb über Orange bis Rot als warm empfinden. Blautöne werden mit Wasser, Schnee, Eis und dadurch mit Kälte verbunden. Sie gehören somit zu den kalten Farben. Im Farbkreis bilden diese beiden Gruppen jeweils eine Hälfte. Warme und kalte Farben stehen sich also im Farbkreis gegenüber. Alle Komplementärkontraste sind deshalb auch Warm-kalt-Kontraste.

Warm-kalt-Kontrast
Indian Summer am See

6.3.4 Hell-Dunkel-Kontrast

Der Hell-Dunkel-Kontrast oder Helligkeitskontrast verwendet zum einen unbunte Farben wie Schwarz und Weiß sowie große Abstufungen in Grau. Die zweite Anwendungsmöglichkeit ist der Einsatz von Farben mit stark unterschiedlichem Helligkeitswert. Als dritte Anwendung des Hell-Dunkel-Kontrastes gilt die Gegenüberstellung einer mit Weiß stark aufgehellten Farbfläche zu einer Fläche des gleichen Farbtons, der mit Schwarz stark abgedunkelt ist.

6.3.5 Quantitätskontrast

Die Wirkung einer Farbe ist von der Größe und der Leuchtkraft der Farbfläche ihres Umfelds abhängig. Der Zusammenhang von Leuchtkraft und Flächenanteil einer Farbe wird Flächenproportionalität genannt. Je höher die Leuchtkraft bzw. die Helligkeit einer Farbe, desto kleiner kann ihre Fläche sein, um die entsprechende Wirkung zu erzielen.

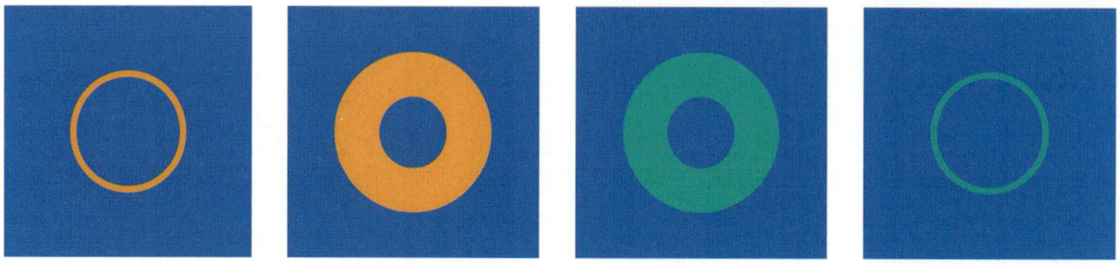

6.3.6 Qualitätskontrast

Die Qualität der Farbe beschreibt die Farbkraft oder Sättigung einer Farbe. Der Qualitätskontrast zeigt den Gegensatz von kräftigen leuchtenden Farben mit hoher Sättigung zu gebrochenen Farben mit geringer Sättigung. Man spricht deshalb auch vom Reinheitskontrast oder Bunt-Unbunt-Kontrast. Leuchtende Farben werden, auch bei kleinerem Flächenanteil, deutlich wahrgenommen.

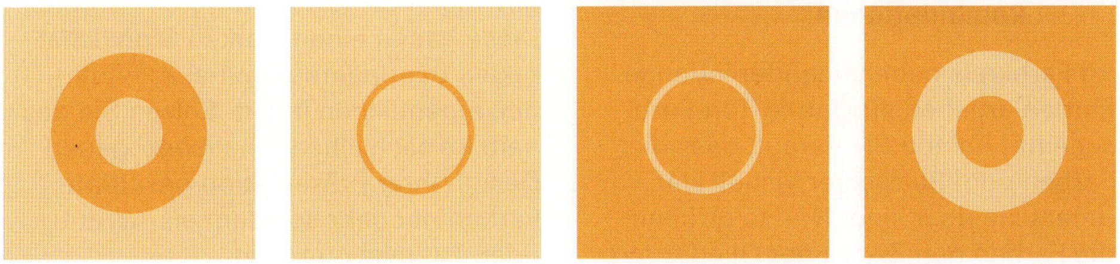

6.3.7 Farbe-an-sich-Kontrast

Der Farbe-an-sich-Kontrast lebt von der Gegenüberstellung bzw. Kombination der reinen Grundfarben. Die Kombination darf aber keinen Komplementärkontrast ergeben.

Durch die Kombination der sekundären Mischfarben nimmt die Kontrastwirkung deutlich ab.

6.4 Farbharmonie

6.4.1 Gleichabständige Farbkombinationen

Harmonische und zugleich spannende Farbkombinationen erzielen Sie durch die Wahl gleichabständiger Farben aus dem Farbkreis. Sie können aus einem zwölfteiligen Farbkreis harmonische Drei- oder Vierklänge auswählen. Für Kombinationen mit mehr Farben müssen Sie den Farbkreis weiter unterteilen.

6.4.2 Nebeneinanderliegende Farbkombinationen

Im Farbkreis nebeneinanderliegende Farben ergeben ein Ton-in-Ton-Farbschema. Achten Sie darauf, dass die Farben vom Betrachter visuell klar unterscheidbar sind. Nur so erfüllen die Farben den Zweck der Gliederung und Hervorhebung einzelner Designbereiche. Wärmere Farben, Gelb, Orange und Rot, wirken freundlich und vermitteln Nähe. Kältere Farben aus dem blauen Teil des Farbkreises wirken sachlich und distanziert. Setzen Sie die dunkleren Farben Ihres Farbschemas zur Hervorhebung ein. Die helleren unterstützen den Inhalt.

6.4.3 Variation der Sättigung und Helligkeit eines Farbtons

Die Aufmerksamkeit des Betrachters gewinnen Sie mit gesättigten Farben. Diese haben einen starken Signalcharakter, überlagern damit aber häufig den eigentlichen Inhalt. Setzen Sie deshalb im sachlichen inhaltsbezogenen Design Ihrer Präsentation gesättigte Farben nur sehr sparsam als Akzent oder Auszeichnung ein.

Farbdreiklänge

Farbvierklänge

Nebeneinanderliegende Farbtöne

Variation der Sättigung und Helligkeit

6.5 Farbkonstanz und Farbassoziation

6.5.1 Farbkonstanz

Die Farbwahrnehmung erfasst nicht die absoluten, messbaren Farben, sondern die Farbverhältnisse. Dies bedeutet, dass Sie auch unter sich ändernder Beleuchtung Farben richtig erkennen können. Hinzu kommt Ihre Erfahrung über die Farben der Welt. Jeder hat eine klare Vorstellung vom Rot einer Tomate oder vom Weiß des Papiers. Das menschliche Farberlebnis beim Sehen ist die Basis für die Gestaltung farbiger Medien. Die RGB- oder CMYK-Werte dienen nur zur prozesstechnischen Definition der Farben bei der technischen Umsetzung.

Tomatenrot?

Die Beleuchtung ist blau – welche Farbe haben die Papiere?

6.5.2 Farbassoziation

Welche Farbe hat der Strom? Seit „yellostrom“ werden die meisten mit „gelb“ antworten. Farben sind aber mehr als ein Markenzeichen – Farben stehen in einem kulturellen Kontext, Farben sind Emotionen.

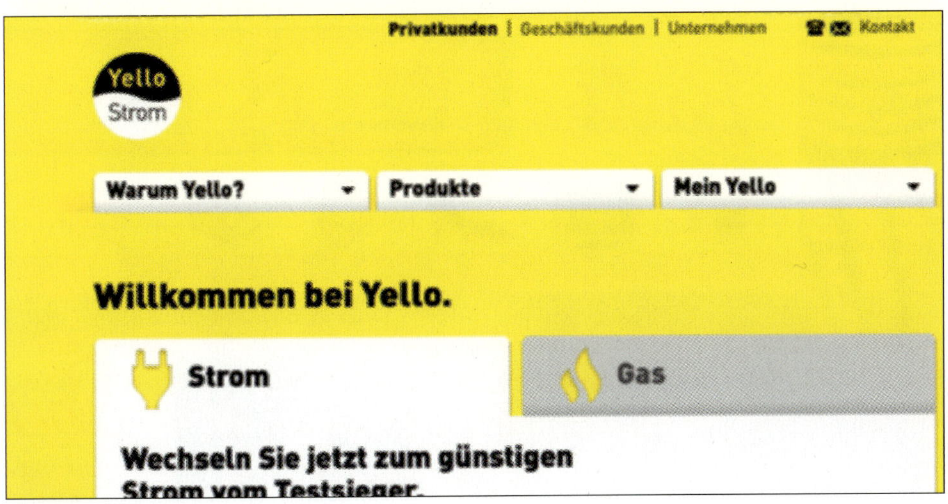

Gelb

Sonne
Helligkeit
Modernität
Gift
Neid
Optimismus
Sauberkeit
...
www.yellowstrom.de

Rot

Liebe
Energie
Blut
Krieg
Leidenschaft
Gefahr
Wärme
Feuer
...
store.ferrari.com/de

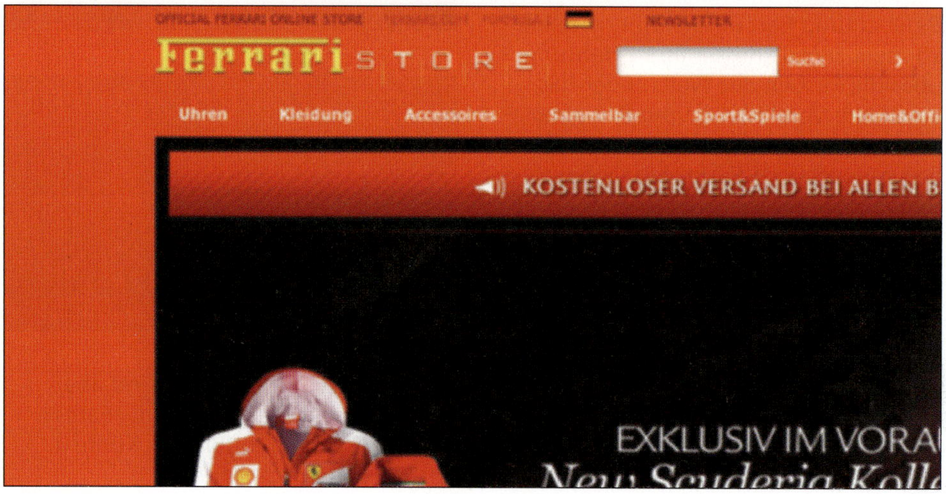

Magenta

Jugendlichkeit
Romantik
Dynamik
Wärme
Weiblichkeit
Kommunikation
...
www.barbie.de

Blau

Technik
Natur
Wasser
Gelassenheit
Kühle
Ruhe
Seriosität
...
www.enbw.com

Cyan

Sachlichkeit
Kühle
Frische
Sportlichkeit
Winter
Jugendlichkeit
Distanz
...
www.rwe.com

Grün

Hoffnung
Natur
Gift
Frühling
Ruhe
Gesundheit
Erholung
…
www.schwarzwald.de

Schwarz

Geheimnis
Tradition
Macht
Sachlichkeit
Kraft
Dunkelheit
Seriosität
…
www.rag-deutsche-steinkohle.de

Grau

Sachlichkeit
Wahrheit
Seriosität
Neutralität
Technik
…
www.mercedes-benz.de

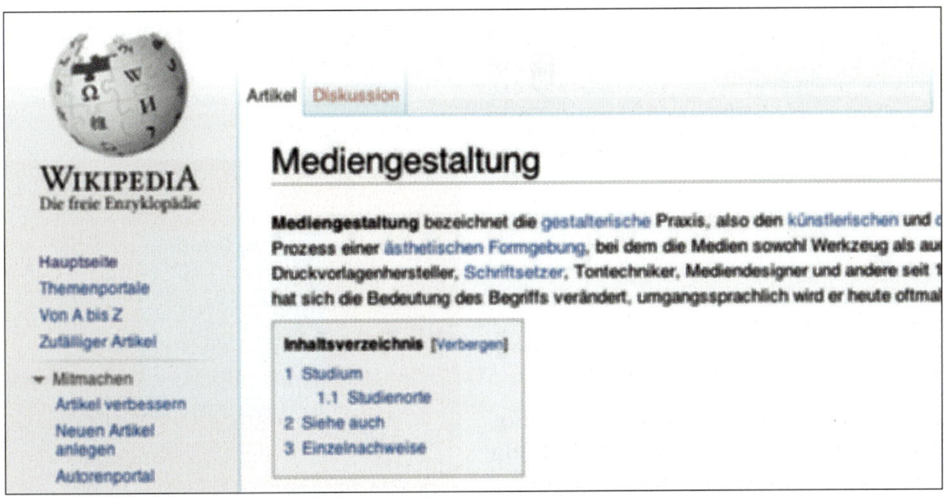

Weiß

Sauberkeit
Sachlichkeit
Gespenst
Schnee
Helligkeit
Wahrheit
Seriosität
…
de.wikipedia.org/wiki/Mediengestaltung

6.6 Aufgaben

1 Grundfarben digitaler Medien kennen

Nennen Sie die Grundfarben zur Darstellung von Farben auf einem Display.

2 Grundfarben des Drucks kennen

Nennen Sie die vier Grundfarben des Farbdrucks.

3 Farbkreis kennen

Benennen Sie die leeren Segmente im Farbkreis mit dem entsprechenden Farbnamen.

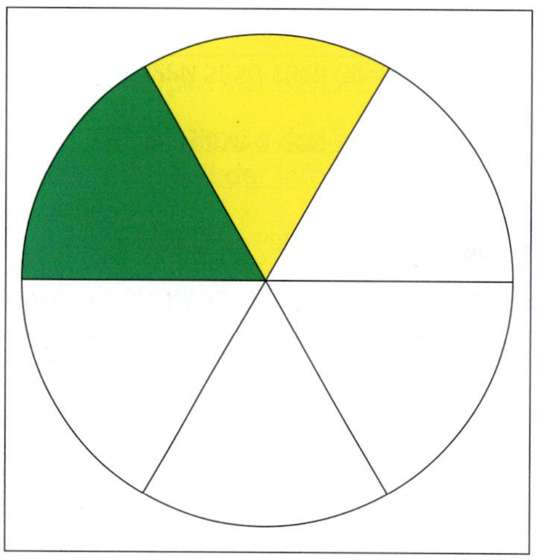

4 Farbkombinationen erläutern

Was versteht man bei der Auswahl von Farben bzw. bei der Zusammenstellung von Farbkombinationen unter einem

a. Farbdreiklang und
b. Farbvierklang?

a.

b.

5 Farbvierklang analysieren

Entspricht die folgende Farbkombination einem Farbvierklang?

6 Wirkung von Farbkontrasten beschreiben

Erklären Sie die Wirkung der abgebildeten Farbkontraste.

7 Farbkontraste kennen

Nennen Sie vier Farbkontraste.

1. ....

2. ....

3. ....

4. ....

8 Farbkontraste in ihrer Wirkung beschreiben

Welcher Farbkontrast beschreibt die Wirkung einer Farbe in ihrem Umfeld?

9 Farbkonstanz erklären

Was versteht man unter Farbkonstanz?

10 Komplementärkontrast benennen

Tragen Sie in die Tabelle jeweils die
a. RGB-Werte der Komplementärfarbenpaare und
b. CMYK-Werte der Komplementärfarbenpaare ein.

11 Farbassoziationen

Nennen Sie 4 Begriffe, die Sie mit der Farbe Blau assoziieren.

1. ....

2. ....

3. ....

4. ....

7.1 Lösungen

7.1.1 Kommunikation

1 Medien nach Pross einteilen

a. Primäre Medien: Die primäre Kommunikation findet direkt zwischen Menschen statt. Weder Sender noch Empfänger brauchen technische Hilfsmittel.
b. Sekundäre Medien: Auf der Seite des Senders werden technische Mittel zur Kommunikation eingesetzt. Der Empfänger der Botschaft braucht keine Geräte zur Rezeption.
c. Tertiäre Medien: Die tertiäre Kommunikation setzt auf beiden Seiten, beim Sender und beim Empfänger, Kommunikationstechnik in Form von spezieller Soft- und Hardware voraus.

2 Medientypen visualisieren

a. Primäre Medien

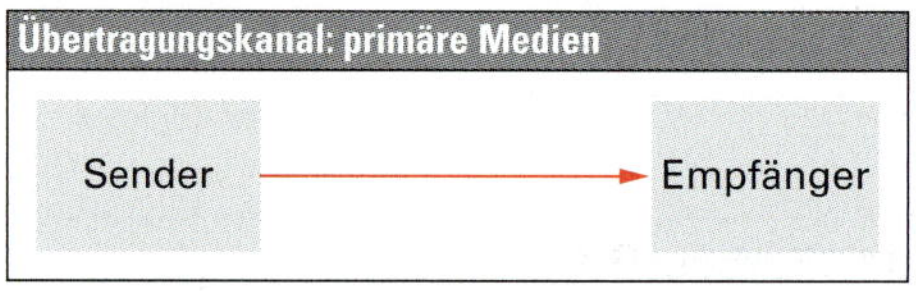

b. Sekundäre Medien

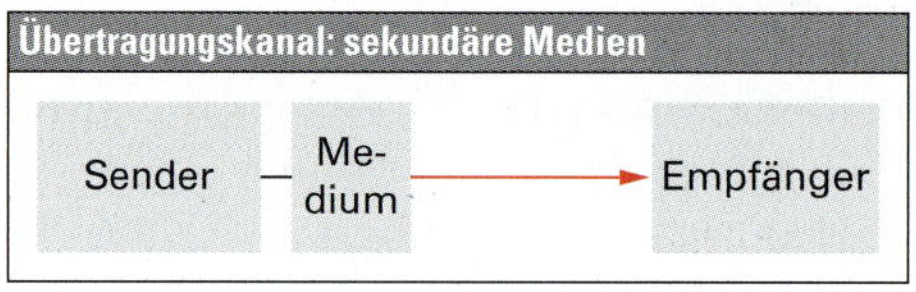

c. Tertiäre Medien

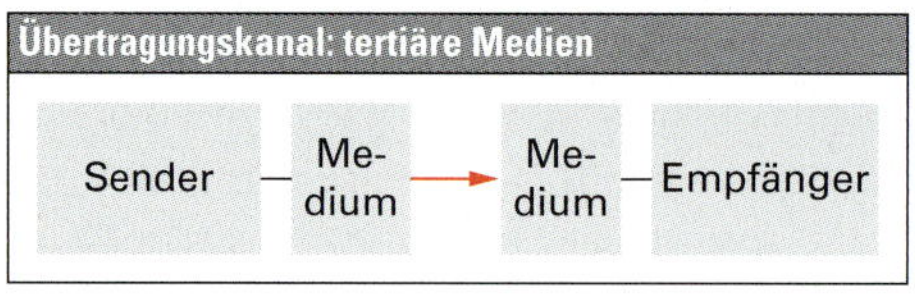

3 Sinneskanäle kennen

Sehen, Hören, Fühlen, Riechen

4 Kommunikationsmodell von Shannon & Weaver kennen

Das Kommunikationsmodell von Shannon & Weaver beschreibt die naturwissenschaftlich-mathematische Seite der Informationsübertragung, d.h. die technische Kommunikation. Inhalte der Kommunikation, deren Bedeutung und Sinn oder die Emotionalität spielen in diesem Modell keine Rolle. Die Information wird vom Sender verschlüsselt über einen Kanal an den Empfänger übertragen und dort entschlüsselt.

5 Kommunikationsfeld kennen

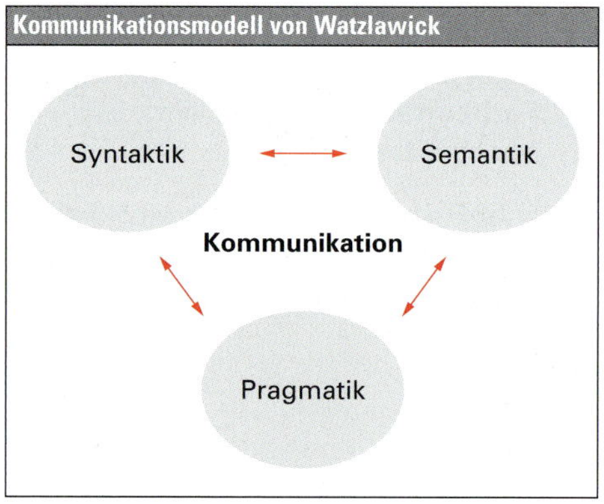

6 Kommunikationsmodell von Watzlawick kennen

a. Syntaktik befasst sich mit den technischen Problemen der Nachrichtenübertragung.
b. Semantik befasst sich mit der Bedeutung der Zeichen und Symbole.
c. Pragmatik beschreibt das Verhalten der am Kommunikationsprozess beteiligten Personen.

7 Kommunikationsmodell von Watzlawick kennen

Sobald Sender und Empfänger einen wie auch immer gearteten Kontakt haben, findet Kommunikation statt. Auch die Nichtbeachtung ist eine Form von Kommunikation.

8 Kommunikationsmodell von Schulz von Thun erläutern

An der Kommunikation sind immer vier Schnäbel und vier Ohren beteiligt. Sie übermitteln mit Ihrem Medium immer vier Botschaften gleichzeitig und der Mediennutzer empfängt dementsprechend immer vier Botschaften gleichzeitig.

- Sachinhalt – „Worüber ich informiere."
- Selbstkundgabe – „Was ich von mir zu erkennen gebe."
- Beziehung – „Was ich von dir halte und wie ich zu dir stehe."
- Appell – „Was ich bei dir erreichen möchte."

9 Lasswell-Formel kennen

Who says what in which channel to whom with what effect?
auf Deutsch:
Wer sagt was über welchen Kanal zu wem mit welchem Effekt?

10 AIDA-Modell kennen

- Attention – Aufmerksamkeit
- Interest – Interesse
- Desire – Wunsch
- Action – Handlung

7.1.2 Wahrnehmung

1 Wahrnehmung den fünf Sinnen zuordnen

Auge – Sehen
Ohr – Hören
Nase – Riechen
Haut – Fühlen
Zunge – Schmecken

2 Physiologie des Sehens beschreiben

Auf der Netzhaut des menschlichen Auges befinden sich Fotorezeptoren, die das ins Auge einfallende Licht in Nervenreize umwandeln. Wir unterscheiden zwei Arten von Rezeptoren. Die Stäbchen für das Hell-Dunkel-Sehen und die Zapfen für das Farbsehen. Ein Drittel der Zapfen ist jeweils für rotes, grünes und blaues Licht empfindlich. Wir sehen also nur drei Farben: Rot, Grün und Blau. Die Reize werden über den Sehnerv ins Sehzentrum des Gehirns weitergeleitet und dort interpretiert.

3 Sehen und Wahrnehmen einordnen

Die visuelle Wahrnehmung wird nicht nur durch die von den Fotorezeptoren über den Sehnerv gelieferten Reize bestimmt. Im Gehirn werden die Reize zusammen mit den Meldungen anderer Sinnesorgane, ist es warm oder kalt, fühle ich mich wohl, bin ich müde usw., ausgewertet. Hinzu kommt die gespeicherte Erfahrung und die vorhandenen Vor-Bilder. Was wir wie wahrnehmen, ist nicht nur das Ergebnis der Physiologie des Sehvorgangs. Die Wahrnehmung wird ebenfalls stark durch die Psychologie und das subjektive Empfinden bestimmt. Das Auge sieht, aber das Gehirn nimmt wahr.

4 Das menschliche Gesichtsfeld kennen

Das menschliche Gesichtsfeld erfasst in der Horizontalen einen Bereich von ca. 180°, in der Vertikalen von ca. 120°. Der tatsächlich scharf abgebildete Bildwinkel ist nur 1,5°.

5 Das menschliche Gesichtsfeld in der Gestaltung berücksichtigen

Das Auge richtet den Blick auf ein Detail, um es scharf zu sehen. Der Weg des Auges unterliegt großteils nicht dem bewussten Willen, sondern wird von dem knapp außerhalb des scharf abgebildeten Bereichs liegenden Element angezogen. Aus dem Zurückspringen auf das vorher Gesehene entsteht ein spannungsvolles Gleichgewicht. Ein weiterer Blickfang führt das Auge über das Format. Immer wenn das Auge einen bestimmten Punkt erreicht hat, muss ein neues dynamisches Spannungsfeld den Blick weiterleiten. Die unterschiedlichen visuellen Gewichte der Flächenelemente erzeugen ein Spannungsmuster, gleichwertige Elemente führen zu einem Patt, das Auge irrt über das Format.

6 Bildsprache kennen

Mit mehr als 1000 Worten sagen Sie alles und damit nichts. Die Aussage eines Bildes ist selten eindeutig.

7 Bildsprache analysieren

Buchstäblich und frei sind zwei Kategorien, die u. a. Andreas Feininger in seiner großen Fotolehre eingeführt hat. Mit buchstäblich wird der direkte Zusammenhang zwischen Bildaussage und Motiv beschrieben. Bei einer freien Umsetzung dient das Motiv als Metapher für die eigentliche Aussage.

8 Unterschiedliche Wahrnehmung erklären

Wahrnehmung ist nicht immer eindeutig. Abhängig vom Kontext werden Zeichen unterschiedlich interpretiert. Von links nach rechts: A, B, C, 12, 13, 14 Von oben nach unten: A, 12, 13, 13, C, 14. Je nach Leserichtung und damit Kontext wird das mittlere Zeichen einmal als Buchstabe B und einmal als die Zahl 13 interpretiert.

9 Bildsprache bewusst gebrauchen

Der Kontext ist für die Wahrnehmung und das Erfassen der Bedeutung eines Bildes entscheidend. Das gleiche Bild in einem veränderten Kontext verändert auch seine Aussage.

10 Semiotik definieren

Die Semiotik ist die Lehre von der Bedeutung der Zeichen.

11 Zeichenkategorien erklären

a. Ikonen sind Zeichen, die dem dargestellten Objekt ähneln.
b. Der Index ist als Zeichen direkt mit dem Objekt verknüpft.
c. Symbolen fehlt der direkte Bezug zwischen Zeichen, Objekt und Bedeutung. Symbolische Zeichen werden auch als arbiträre Zeichen bezeichnet. Arbiträr heißt, dass die Bedeutung eines Zeichens sich nicht aus seiner Form und Farbe erschließt, sondern dass ihm seine Bedeutung als Teil einer Konvention verbindlich zugeordnet ist.

12 Zeichendimensionen nach Morris kennen

Die drei Zeichendimensionen nach Morris heißen

- Syntaktik,
- Semantik und
- Pragmatik.

13 Das Prinzip des Lesens kennen

Eine Sakkade ist die sprunghafte Augenbewegung beim Lesen von einer Fixation zur nächsten Fixation.

7.1.3 Gestaltgesetze

1 Gestaltgesetze kennen

Die Gestaltpsychologie hat verschiedene Gesetze zur Wahrnehmungsorganisation formuliert. Diese sogenannten Gestaltgesetze sollen die Ergebnisse der Wahrnehmung unterschiedlicher Formenkonfigurationen beschreiben.

2 Gesetz von der einfachen Gestalt begründen

Das Gesetz von der einfachen Gestalt, oft auch als Gesetz von der guten Form bezeichnet, ist in der Gestaltpsychologie das Grundgesetz der menschlichen Wahrnehmung. Die Wahrnehmung wird danach grundlegend auf die Bewegung und einfache geometrische Gestalten wie Kreise, Quadrate, Rechtecke und Dreiecke zurückgeführt.

3 Navigationselemente einer Website auf die Gestaltgesetze beziehen

a. In der Gestaltung von Navigationselementen auf den einzelnen Seiten einer Website muss gewährleistet sein, dass der Nutzer ein konstantes Designkonzept erlebt. Deshalb ist das Gestaltgesetz der Konstanz eine grundlegende Richtlinie für das Gestalten von Icons für eine Website.
b. Nach dem Gesetz der Nähe werden verschiedene Menüpunkte, die zu einer Kategorie gehören, jeweils in eigenen Menüs zusammengefasst.

4 Gestaltgesetze visualisieren

5 Gestaltgesetze visualisieren

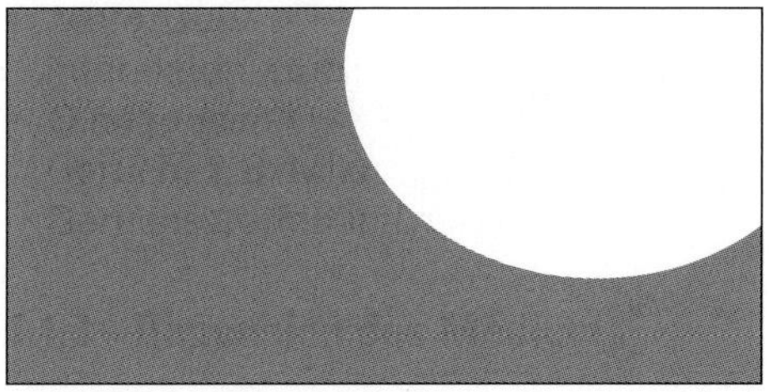

6 Überschriftenhierarchie auf die Gestaltgesetze beziehen

Der Leser braucht ein konstantes Designkonzept zur Orientierung. Deshalb müssen Überschriften einer Ebene nach dem Gesetz der Konstanz jeweils einheitlich gestaltet sein und sich von den Überschriften der anderen Ebenen deutlich unterscheiden.

7 Erkennen der Gestaltgesetze in der Gestaltungsanalyse

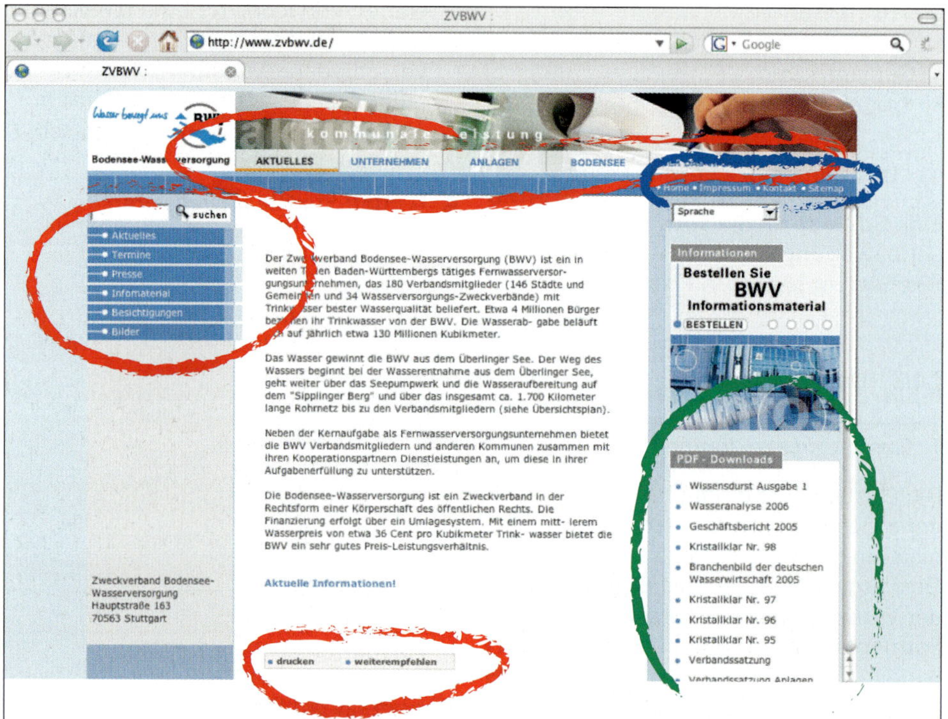

Gesetze der Nähe und der Erfahrung: Die allgemeinen Links stehen häufig rechts oben und werden vom Nutzer deshalb leicht gefunden.

Gesetze der Nähe und der Gleichheit: Gleichartige Links einer Inhaltsgruppe oder einer Ebene stehen beieinander.

Gesetze der Geschlossenheit und der Erfahrung: Der Downloadbereich befindet sich abgeschlossen von den übrigen Inhalten der Seite rechts unten, eine übliche Position, der Nutzer findet diesen Bereich deshalb leicht.

7.1.4 Gestaltungselemente

1 Optisches Gleichgewicht visualisieren

a. Optisches Gleichgewicht

b. Optisches Ungleichgewicht

2 Faktoren des optischen Gleichgewichts kennen

- Größe
- Farbe
- Helligkeit
- Form
- Lage im Format

3 Richtungen visualisieren

a. Aufsteigend

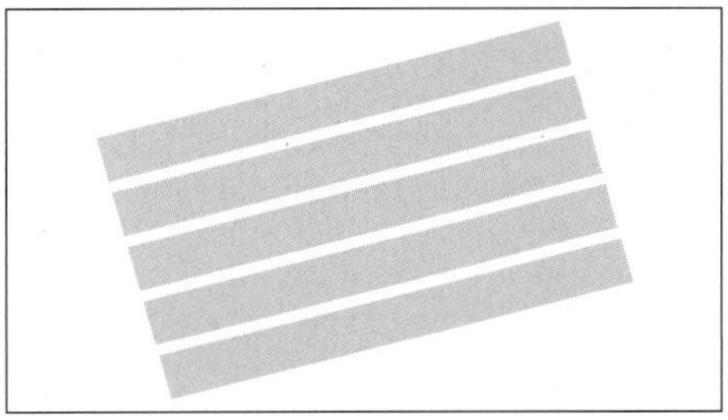

b. Absteigend

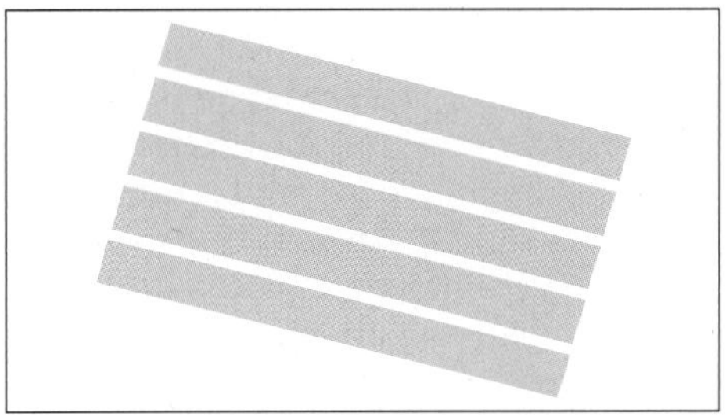

4 Richtungen visualisieren

Die bei uns übliche Leserichtung ist von links nach rechts und von oben nach unten. Eine Ausrichtung von links unten nach rechts oben wird allgemein als aufsteigend empfunden, von links oben nach rechts unten gilt als absteigend.

5 Bewegung visualisieren

Die Linien verdichten sich nach rechts. Durch die Anmutung eines Pfeils wird die Richtungswirkung noch unterstützt.

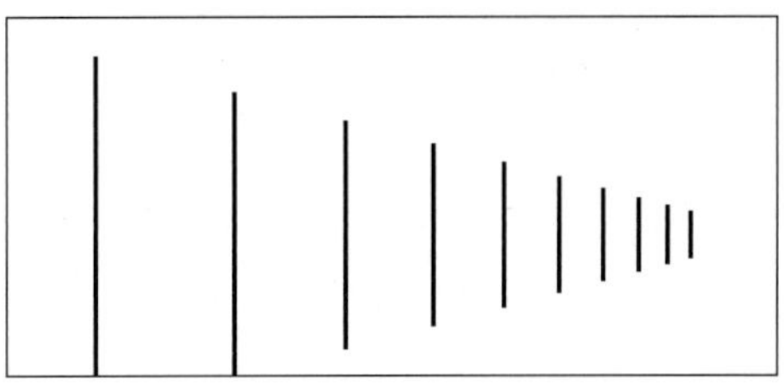

6 Optische und geometrische Mitte erklären

Die optische Mitte liegt etwas oberhalb der horizontalen Symmetrieachse. Die geometrische Mitte entspricht exakt der horizontalen Symmetrieachse. Die Objekte wirken optisch etwas zu tief positioniert.

7 Regel des Goldenen Schnitts benennen

Die Proportionsregel des Goldenen Schnitts lautet: Das Verhältnis des kleineren Teils zum größeren ist wie der größere Teil zur Gesamtlänge der zu teilenden Strecke. Die Anwendung dieser Regel ergibt als Verhältniszahl 1,61803... Um die Anwendung in der Praxis zu vereinfachen, wurde daraus die gerundete Zahlenreihe 3 : 5, 5 : 8, 8 : 13, 13 : 21,... abgeleitet.

8 Goldener Schnitt visualisieren

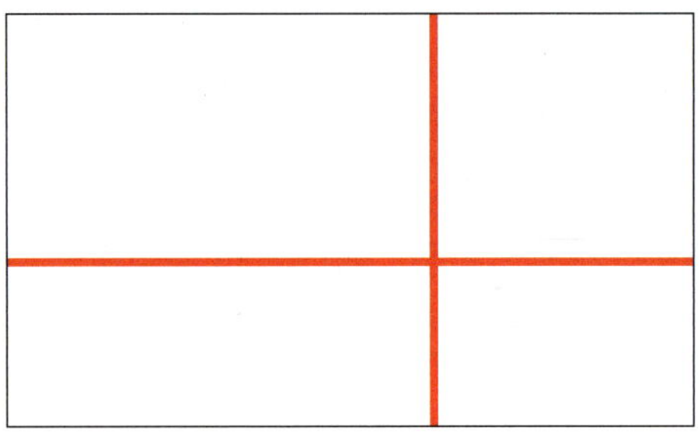

9 Regel der geometrischen Folge kennen

Geometrische Folge:

$a; a \times q; a \times q^2; a \times q^3; z = a \times q^{n-1}$

10 Arithmetische Folge visualisieren

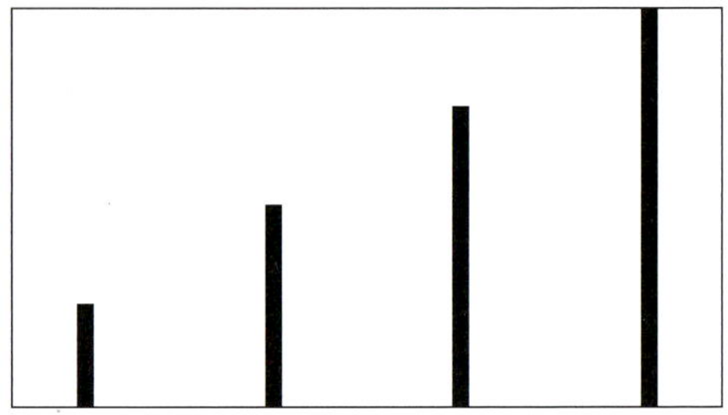

7.1.5 Perspektive

1 Perspektive erläutern

Gegenstand der Perspektive in der Mediengestaltung ist die realistische Abbildung des dreidimensionalen Raums auf einer Fläche.

2 Augenhöhe und Horizont zeichnen

a. Geringe Augenhöhe

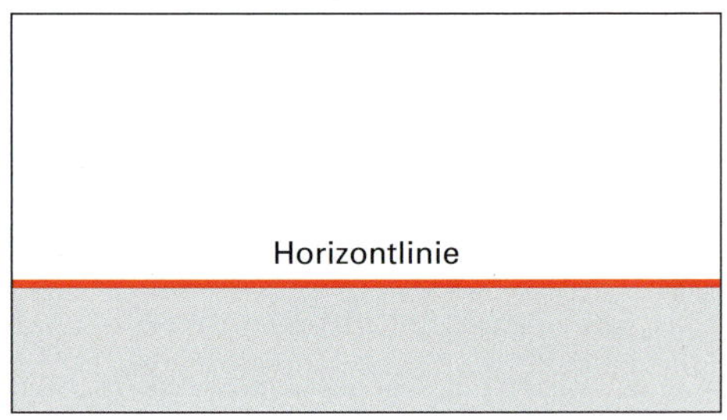

b. Große Augenhöhe

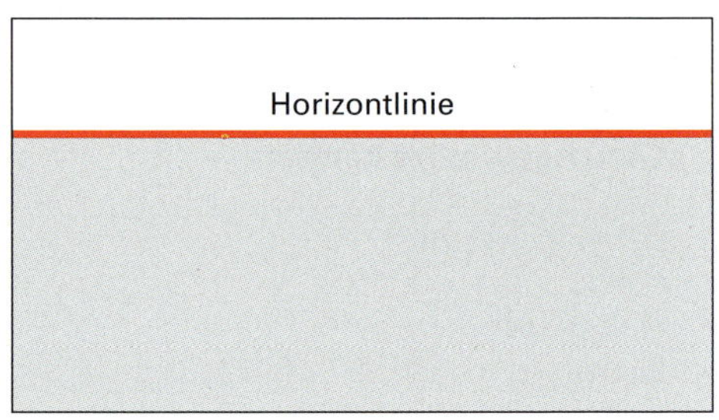

3 Blick- und Augenpunkt definieren

a. Der Blickpunkt entspricht der Position der Augen des Betrachters.
b. Der Augenpunkt bezeichnet den Punkt, auf den der Betrachter auf den Horizont blickt.

4 Begriffe der Perspektive definieren

a. Die Grundlinie ist die untere Begrenzung des Bildformats.
b. Die Horizontlinie liegt auf Höhe der Augen in der Bildebene.
c. Die Bildebene steht senkrecht zum Horizont. Wir können sie mit einer Fensterscheibe vergleichen, durch die wir auf das Motiv blicken.

5 1-Punkt-Perspektive erklären

Bei der 1-Punkt-Perspektive verlaufen alle parallelen Linien der Raumtiefe zu einem zentralen Fluchtpunkt auf dem Horizont. Die beiden anderen Raumachsen verlaufen parallel zur Bildebene.

6 1-Punkt-Perspektive visualisieren

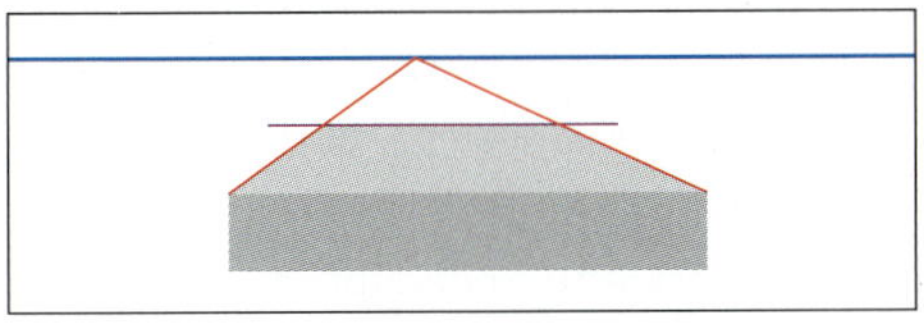

7 2-Punkt-Perspektive visualisieren

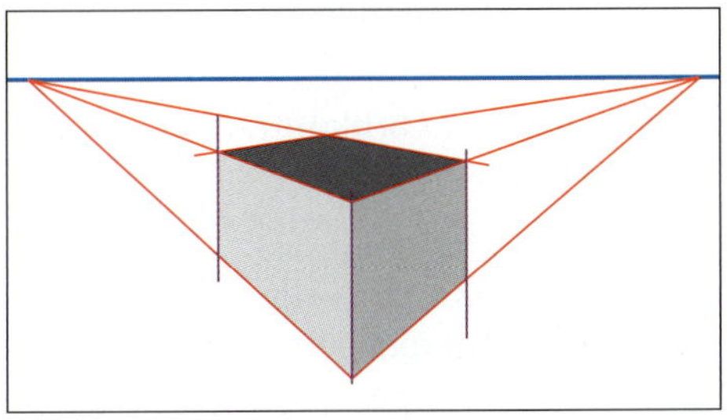

8 3-Punkt-Perspektive erklären

3-Punkt-Perspektive bedeutet, dass bei dieser Perspektive nicht nur die Breite und Tiefe, sondern auch die dritte Dimension, die Höhe, auf einen eigenen Fluchtpunkt bezogen wird.

9 3-Punkt-Perspektive visualisieren

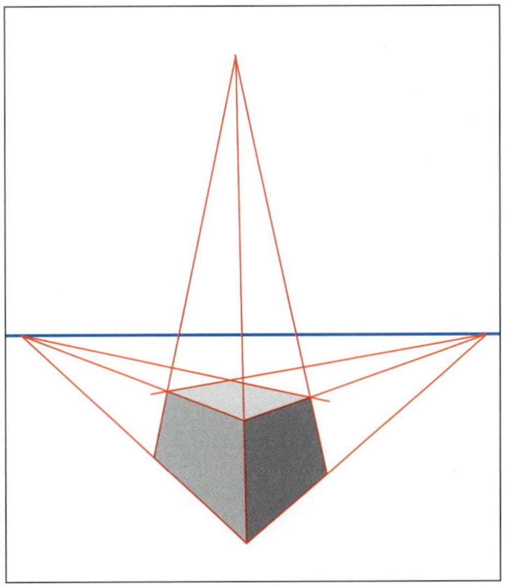

10 Schatten konstruieren

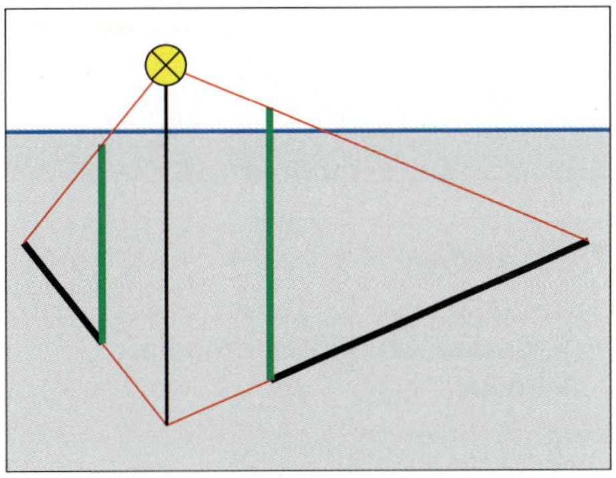

11 Luft- und Farbperspektive erklären

a. Staub und Feuchtigkeit in der Luft streuen das Licht. Dadurch verringert sich der Kontrast und die Sättigung mit zunehmender Entfernung.
b. Die Farbperspektive tritt in der Natur immer zusammen mit der Luftperspektive auf. Staub und Luftfeuchtigkeit streuen nicht nur das Licht, sondern absorbieren auch Teile des Lichts. Weißes Licht setzt sich aus unterschiedlichen Wellenlängenanteilen zusammen, die von der Luft verschieden absorbiert werden. Langwelliges rotes und gelbes Licht wird stärker absorbiert als das kurzwellige blaue Licht. Mit zunehmender Entfernung wirken Bildbereiche deshalb nicht nur heller und weniger gesättigt, sondern auch bläulich.

12 Farbperspektive visualisieren

7.1.6 Farben

1 Grundfarben digitaler Medien kennen

RGB – Rot, Grün und Blau

2 Grundfarben des Drucks kennen

CMYK – Cyan, Magenta, Gelb und Schwarz

3 Farbkreis kennen

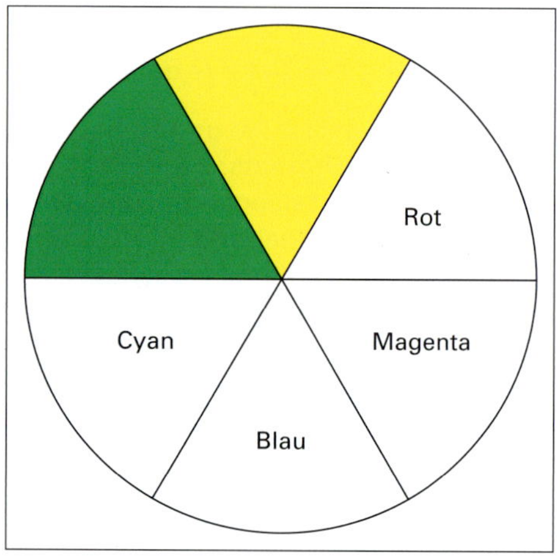

4 Farbkombinationen erläutern

a. Unter Farbdreiklang versteht man die gleichabständige Auswahl von drei Farben aus einem Farbkreis.
b. Unter Farbvierklang versteht man die gleichabständige Auswahl von vier Farben aus einem Farbkreis.

5 Farbvierklang analysieren

Nein, sie sind aus einer Seite des Kreises entnommen, deshalb besteht keine Gleichabständigkeit.

6 Wirkung von Farbkontrasten beschreiben

a. Komplementärkontrast
Starker Kontrast zweier Farben, die sich im Farbkreis gegenüberliegen.

b. Simultankontrast
   Das farbigen Umfeld beeinflusst den wahrgenommenen Farbton.

7 Farbkontraste kennen

- Komplementärkontrast
- Simultankontrast
- Warm-kalt-Kontrast
- Hell-Dunkel-Kontrast

8 Farbkontraste in ihrer Wirkung beschreiben

Die Wirkung von Farben im Umfeld heißt Simultankontrast.

9 Farbkonstanz erklären

Aus der Erfahrung über die Farben der Welt, z. B. dem Rot einer Tomate oder vom Weiß des Papiers, können Sie auch unter sich ändernder Beleuchtung Farben richtig erkennen. Eine Tomate erscheint immer rot, Laserdruckerpapier immer weiß.

10 Komplementärkontrast benennen

R 0, G 0, B 255	R 255, G 255, B 0
C 100, M 100, Y 0, K 0	C 0, M 0, Y 100, K 0
R 255, G 0, B 0	R 0, G 255, B 255
C 0, M 100, Y 100, K 0	C 100, M 0, Y 0, K 0
R 0, G 255, B 0	R 255, G 0, B 255
C 100, M 0, Y 100, K 0	C 0, M 100, Y 0, K 0

11 Farbassoziationen#

Kälte, Technik, wasser, Sauberkeit

7.2 Links und Literatur

Links

Corporate Identity
www.ci-portal.de

Designer in Action – InfoSite für Kreative
www.designerinaction.de

Die Informationsseite rund um Design!
www.designguide.at

Forum Typografie
www.forum-typografie.de

Foto-Kurs.com Online-Fotokurs
www.foto-kurs.com

Movie-College
www.movie-college.de

Kommunikationsmodell
www.schulz-von-thun.de
www.vier-ohren-modell.de

Type Directors Club Deutschland
www.tdc-ny.de

Literatur

Böhringer et al.
Kompendium der Mediengestaltung IV. Medienproduktion Digital
Springer Vieweg Verlag, 2014
ISBN 978-3642548147

Christof Breidenich
@Design – Ästhetik, Kommunikation, Interaktion
Springer Vieweg Verlag 2010
ISBN 978-3642035326

Samuel Y. Edferton
Die Entdeckung der Perspektive
Fink 2002
ISBN 3-770535561

Martina Eipper
Sehen, Erkennen, Wissen
Expert 1998
ISBN 3-816915531

Eva Heller
Wie Farben wirken
rororo 2004
ISBN 978-3499619601

Rainer Guski
Wahrnehmen – ein Lehrbuch
Kohlhammer 1996
ISBN 3-170118455

Dario Zuffo
Die Grundlagen der visuellen Gestaltung
Polygraph 1998
ISBN 978-3907020791

Paul Watzlawick, Janet H. Beavin, Don D. Jackson
Menschliche Kommunikation
Hans Huber 2003
ISBN 3-456834578

7.3 Abbildungen

S2, 1, 2, 3: Autoren
S3, 1a, b, 2, 3: Autoren
S4, 1: Screenshot GMail
S4, 2: Autoren
S5, 1, 2: Autoren
S6, 1a, b, c, 2a, b: Autoren
S7, 1: Autoren
S8, 1: Schulz von Thun
S9, 2a, b, c: Autoren
S9, 1: Autoren
S11, 1: Autoren
S12, 1: Autoren
S13, 1, 2: Autoren
S14, 1, 2: Autoren
S15, 1, 2a, b, 3a, b: Autoren
S16, 1a, b, 2a, b, 3a, b: Autoren
S17, 1, 2, 3: Autoren
S18, 1, 2: Autoren
S19, 1a, b, 2a, b, 3a, b: Autoren
S20, 1, 2: Autoren
S21, 1, 2: Autoren
S22, 1, 2: Autoren
S23, 1, 2, 3a, b: Autoren
S24, 1a, b, c, d, 2, 3: Autoren
S25, 1, 2, 3: Autoren
S26, 1a, b, 2: Autoren
S27, 1, 2: Autoren
S29, 1: Autoren
S30, 1: Autoren
S31, 1, 2: Autoren
S32, 1, 2: Autoren
S33, 1, 2: Autoren
S34, 1, 2: Autoren
S35, 1, 2: Autoren
S36, 1, 2: Autoren
S37, 1, 2: Autoren
S39, 1: www.zvbwv.de
S41, 1, 2: Autoren
S42, 1, 2a, b, c: Autoren
S43, 1a, b, c, 2a, b, c: Autoren
S44, 1a, b, c, 2a, b, c: Autoren
S45, 1a, b, c, 2: Autoren
S46, 1a, b, c, 2a, b: Autoren
S47, 1a, b, c, 2a, b, c: Autoren
S48, 1, 2a, b, c: Autoren
S49, 1a, b, c, 2a, b, c: Autoren
S53, 1a: Autoren
S56, 1a, b, c, 2, 3: Autoren
S57, 1a, b, c: Autoren
S58, 1, 2: Autoren
S59, 1: Autoren
S60, 1, 2: Autoren
S61, 1: Autoren
S62, 1, 2, 3: Autoren
S63, 1, 2a, b: Autoren
S64, 1: Autoren
S65, 1a, b, 2: Autoren
S66, 1a, b, 2, 3a, b: Autoren
S67, 1, 2: Autoren
S68, 1, 2: Autoren
S69, 1, 2a, b, c, 3a, b, c: Autoren
S70, 1, 2: Autoren
S71, 2a: Deka Investmentfonts
S71, 2b: Novotel
S73, 1: Autoren
S74, 1: Autoren
S75, 1a, b, 2a, b: Autoren
S76, 1a, b, c, 2a, b, c: Autoren
S78, 1, 2, 3a, b, c, d: Autoren
S79, 1, 2a, b, c, d, 3, 4a, b, c, d: Autoren
S80, 1, 2a, b, c, d, 3, 4a, b, c, d: Autoren
S81, 1, 2a, b, c, d, 3, 4a, b, c, d: Autoren
S82, 1: Autoren
S83, 1, 2: Autoren
S83, 3: www.yellostrom.de
S83, 1: www.ferrari.com/de
S84, 2: www.barbie.de
S85, 1: www.enbw.de
S86, 1: www.schwarzwald.de
S86, 2: www.rag-deutsche-steinkohle.de
S87, 1: www.mercedes-benz.de
S87, 2: de.wikipedia.org
S88, 1, 2, 3: Autoren
S89, 1, 2, 3, 4: Autoren
S90, 1a, b, 2, 3: Autoren
S93, 1, 2: Autoren
S94, 1: www.zvbwv.de
S95, 1a, b, c, 2, 3: Autoren
S96, 1, 2a, b, 3: Autoren
S97, 1, 2a, b, 3: Autoren
S98, 1, 2: Autoren
S99, 1: Autoren

7.4 Index

A

Action 8
AIDA 8
Appell 7
Arithmetische Folge 48
Asymmetrie 45
Attention 8
Aufriss 58
Auge 12
Augenhöhe 55
Augenlinie 57
Augenpunkt 57

B

Beziehung 7
Bild 19
Bildebene 56
Bildsprache 20
Bildwinkel 13

C

CMYK-System 74

D

Desire 8

E

Empfänger 1, 3, 8
Erkennbarkeit 25

F

Farbassoziation 82
Farbe 73, 75
– Additive Farbmischung 73
– Subtraktive Farbmischung 74
Farbensehen 12
Farbharmonie 81
Farbkombinationen 81
– Farbdreiklang 81
– Farbvierklang 81
Farbkonstanz 82
Farbkontrast 77
– Farbe-an-sich-Kontrast 80
– Hell-Dunkel-Kontrast 79
– Komplementärkontrast 78
– Simultankontrast 77
– Warm-kalt-Kontrast 78
Farbwahrnehmung 77
Farbwirkung 75
Figur-Grund-Beziehung 29
Figur-Grund-Trennung 36
Fixation 26
Fluchtlinie 57
Fluchtpunkt 57
Formenwahrnehmung 29, 30

G

Geometrische Folge 48
Gesichtsfeld 13
Gestaltgesetze 29
– Gesetz der Erfahrung 34
– Gesetz der Figur-Grund-Trennung 36
– Gesetz der Geschlossenheit 33
– Gesetz der Gleichheit 32
– Gesetz der Konstanz 35
– Gesetz der Nähe 31
– Gesetz von der einfachen Gestalt 30
Gestaltpsychologie 29
Gestik 5
Gewichtung 42
Goldener Schnitt 47
Grundriss 58

H

Halbschatten 67
Horizont 55
Horizontebene 56
Horizonthöhe 55

I

Icon 22
Ikone 22
Index 22
Informationstheorie 3
Interest 8

K

Kernschatten 67
Kommunikation 1
Kommunikationsmodell 3
Kommunikationsquadrat 6, 7
Komplementärfarben 78
Körperfarben 74
Körperhaltung 7

L

Lasswell 7
Lesbarkeit 25
Lesen 25
Leserlichkeit 25
Lichtfarben 73
Lichtquelle 67
Logo 24

M

Medium 1, 8
Mimik 5
Morris 23

O

Objektbreite 60
Objekthöhe 61
Objekttiefe 60
Optische Täuschung 14

P

Peirce 21
Perspektive 51
– 1-Punkt-Perspektive 57

– 2-Punkt-Perspektive 59
– 3-Punkt-Perspektive 63
– Farbperspektive 69
– Froschperspektive 63
– Luftperspektive 69
– Vogelperspektive 63
– Zentralperspektive 53
Piktogramm 24
Polaritätsprofil 40
Pragmatik 4, 23
Primäre Medien 1

Q

Qualitätskontrast 80
Quantitätskontrast 79

R

Raumhöhe 58
Raumtiefe 57, 60
Regression 26
RGB-System 73

S

Sachinhalt 6
Sakkade 26
Saussure 21
Schatten 66
Schattenkonstruktion 67
Schulz von Thun 6
Sehsinn 12
Sehstrahl 57
Sekundäre Medien 1, 89
Selbstkundgabe 6
Selektive Wahrnehmung 11
Semantik 4, 23
Semiotik 21
Sender 1, 3, 8
Shannon 3
Signet 24
Sinneskanal 2
Sinneswahrnehmung 29
Spannung 44
Stäbchen 12
Standpunkt 56
Symbol 23
Syntaktik 4, 23

T

Tertiäre Medien 2

U

Übertragungskanal 1

V

Verjüngung 58
Verständlichkeit 7
Vier-Ohren-Modell 6
Vier Schnäbel 6
Visualisierung 5
Visuelle Wahrnehmung 12

W

Wahrnehmung 11, 12
Wahrnehmungsgewicht 43

Watzlawick 4
Weaver 3
Weißraum 36

Z

Zapfen 12
Zeichenarten 24
Zeichendimension 23
Zeichenkategorie 21
Zielgruppe 8